우리, 내일부터
함께 달려요

이시재 드림

도시를 달린다

도시를 달린다

이기재 지음

I'm

달리는 힘, 다시 달리게 하는 마음

도시를 달린다. 그러면 도시가 말을 걸어온다. 내 발자국 소리를 듣고, 땀방울을 느끼며 이야기를 시작한다. 주택, 도로, 공원, 복지관 등 모든 도시 구성요소들에 사연 없는 시설이 없다. 왜 만들어졌는지, 지금은 어디가 아픈지, 뭘 해줬으면 좋겠는지, 내 발자국 소리를 알아듣고 말을 건네온다. 걷는 것도 좋지만 나는 달리는 게 더 좋다. 더 빠르게 보며 느낄 수 있다. 물론 구청장 역할을 잘하기 위해 달리기를 시작한 것은 아니다.

내 마라톤 스토리는 2016년으로 거슬러 올라간다. 국회의원 선거에서 낙선한 뒤 깊은 상실감에 빠져 있을 때였다. 삶의 중심이 무너지고 방향을 잃었을 때 달리기는 나를 다시 일으켜 세웠다. 운동화 한 켤레면 시작할 수 있는 가장 단순한 운동이 내 삶의 버팀목이 되었다.

천천히 달리면 머릿속 생각들이 하나씩 정리된다. 복잡한 고민들이 땀과 함께 흘러내린다. 빠르게 달릴 때는 잡념이 사라지고 집념만 남는다. 남는 건 거친 호흡과 살아 있다는 감각. 몸과 마음이 일치되는 그 순간 비로소 나를 회복해갔다. 달릴 때 나는 자유롭고 그래서 행복하다.

그러나 나에게 달리기는 결코 당연한 일이 아니었다. 청년기 민주화 운동의 후유증으로 부정맥을 심하게 앓았고, 뛰는 것은커녕 맥박이 가라앉기를 기다리며 길가에 주저앉아야 했던 시간들이 있었다. 마라톤은 나와 먼 세계였다. 하지만 마라톤과의 만남은 내 삶을 바꿨다. 조심스레 시작한 러닝은 몸을 바꾸고 마음을 바꾸고 마침내 인생을 바꾸었다. 어느새 나는 21번의 마라톤 풀코스를 완주한 러너가 되었다.

양천구와의 인연은 2007년, 원희룡 국회의원의 보좌관으로 시작되었다. 그전까지만 해도 나에게 양천은 낯선 이름이었다. 지금도 많은 이들이 목동은 알아도 양천은 낯설다고 말한다. 하지만 이 도시는 어느새 나의 삶 그 전부가 되었다.

양천. '밝은 태양과 맑은 냇물이 흐르는 아름다운 고장'이라는 뜻을 지닌 이름이다. 겸재 정선이 양천현의 현령으로 머물렀던 역사가 흐르는 땅으로, 행정구역상으로는 1988년에야 비로소 자치구로 분리된 도시다. 아직 전국적인 인지도가 높은 편은 아니지만 나는 이 도시의 가능성과 품격에 흠뻑 빠졌다.

구청장 출마는 내게도 예상치 못한 제안이었다. 국회의원이 되어 국회에서 정치 개혁을 이루고 싶다는 의지가 있었지만 행정가의 길은 생각해본 적이 없었다. 하지만 사람들은 말했다.

"이공계 출신으로 도시개발에 밝고 국회와 청와대, 중앙부처의 경험이 있으니 양천의 도시문제를 가장 잘 해결할 수 있는 사람이다."

낙선 후 방황하던 내 모습이 안타까웠던 이들의 따뜻한 권유였을 것이다.

이제 와 돌아보면, 내가 가장 잘할 수 있는 일을 맡은 것은 맞다. 첫날부터 현안을 파악하고 문제를 풀어가며 마라톤처럼 꾸준한 페이스를 유지하며 일했다. 굵직한 과제들의 흐름을 잡고 교육도시 양천의 브랜드를 새롭게 세우며 조용하지만 단단한 변화들을 만들어갔다.

양천을 더 깊이 이해하고 싶었다. 구석구석을 내 두 발로 뛰어보고자 '양천시티런' 코스를 구상했다. 안양천변 물길 코스 5km, 산길 코스 11km, 도심 코스 11km, 총 27km를 돌며 양천구의 경계를 따라 지도를 그리듯 달렸다. 달리는 4시간 내내 머리를 가득 채운 생각은 오직 하나.

'이 도시를 어떻게 바꿀 것인가.'

임기는 정해져 있고 시간은 유한하다. 그 안에서 구민이 원하는 변화, 필요한 일을 해야 한다. 지칠 때도 있었지만 길 위에서 반갑게 손 흔들어주는 주민 한 사람의 응원이 다시 달리게 만들었다. 마라톤처럼 삶도 결국은 '응원의 힘'으로 완주하는 것이다.

이 책은 그런 여정의 기록이다. 마라톤이라는 한 가지 중심축을 따라 내가 품은 도시의 미래, 구민과의 약속, 그리고 정책 하나하나의 배경과 의지를 풀어내고자 했다. 머릿속에만 있는 꿈은 비전이 될 수 없다. 그것이 43만 구민과 공유될 때 비로소 현실이 되고 힘이 된다.

마라톤은 인생을 닮았고 인생은 언제나 달리기처럼 흐른다. 그래서 내가 책을 쓴다면 달리기를 배경으로 삼고 싶었다.

'양천시티런'은 내겐 운동 이상의 의미가 있다. 그것은 내가 이 도시를 사랑하는 방식이다. 처음에는 혼자 뛰며 길을 냈다. 그 이후 직원들과 함께 달리며 양천을 향한 내 마음을 공유했다. 다음에는 이 책을 읽고 달리기를 시작한 양천구민들과 함께 달릴 수 있기를 꿈꾼다.

내 마음은 오늘도 '양천시티런'의 출발 지점에 서 있다.

또 다른 출발을 위해.

차례

숨과 땀의 기억

달리기는 결국
자신과의 약속을 지켜내는 일이다.
나 자신을 배신하지 않는 꾸준함
그 속에서 삶의 질서는 다시 세워진다.

1부 | 도시는 변화를 꿈꾼다

물길코스

양천시티런
물길코스

안양천은 달릴수록 바라볼수록
더욱 매력적인 공간이다.
내 삶의 한가운데
늘 그 자리에 흐르는 물길.
그 위로 사람과 계절이 지나간다.

거리 약 5km
시작 신목동역
도착 갈산공원 입구

시작

도착

마라톤은 자신과의 약속이다

마라톤을 한다고 하면 사람들은 종종 묻는다.

"언제부터 뛰셨어요?", "최고 기록이 어떻게 돼요?", "다른 운동도 잘하세요?"

자연스레 운동과 관련된 이야기가 오간다.

나는 어릴 적부터 운동을 좋아했다. 학교 다닐 땐 축구, 농구, 야구 같은 구기 종목을 즐겼고, 성인이 된 후에는 볼링, 스키, 탁구 등 다양한 운동을 해왔다. 특히 탁구는 아내가 워낙 좋아해 같이 시작하게 되었는데, 결국 레슨까지 받으며 제법 진지하게 배웠던 기억이 있다. 기본적으로 운동을 좋아하는 편이라 부정맥 때문에 힘들었던 청년기에도 맥박이 가라앉기를 기다렸다가 다시 운동을 하곤 했다.

이렇게 다양한 종목을 경험해봤지만 마라톤은 다른 결을 지닌 운동이다. 우선 복잡한 장비가 필요 없다. 운동화 한 켤레만 있으면 충분하다. 안양천이든 산길이든 도심 한복판이든 길만 있다면 어디서든 시작할 수 있다. 날씨가 좋지 않을 땐 아파트 지하주차장을 돌기도 하고, 비가 오는 날엔 목동운동장 처마 아래 약 200미터 구간을 오가면서 달리기에 필요한 근력운동을 한다.

달리기는 장비나 장소에 크게 구애받지 않는다. 마음만 먹으면 누구의 도움도 없이 혼자서도 시작할 수 있다. 그 점이야말로 달리기의 가장 큰 매력이고 운동을 지속할 수 있는 힘이 된다.

반면 스키나 골프는 비용도 많이 들고 외부로 멀리 나가야 하는 번거로움이 있다. 한 번 흐름이 끊기면 다시 시작하기 어렵다. 볼링도 혼자 치다 보면 금방 흥미를 잃고, 탁구나 배드민턴처럼 파트너가 필요한 운동은 환경이 받쳐주지 않으면 쉽게 멀어진다. 하지만 달리기는 다르다. 늘 내 곁에 있고 언제든 내 발로 시작할 수 있다. 상대가 없어도 할 수 있는 운동이기에 오히려 가장 오래 곁에 둘 수 있는 운동이다.

『노르웨이의 숲』이라는 소설로 잘 알려진 일본 작가 무라카미 하루키 역시 마라톤을 사랑했다. 그는 『달리기를 말할 때 내가 하고 싶은 이야기』에서 이렇게 썼다.

"나는 무엇보다도 달리기를 통해 아무와도 경쟁하지 않아도 되는 자유를 얻었다."

그의 말처럼 달리기는 경쟁하지 않아도 되는 운동이다. 탁구, 골프, 배드민턴, 테니스, 축구 등의 종목과 달리 마라톤은 오롯이 자기 자신과의 싸움이다. 어제의 나를 넘어서는 것, 어제의 기록보다 조금이라도 나아지려는 마음, 그 안에서 느끼는 긴 호흡과 진득한 성취감, 그것이 마라톤이 주는 정신적 위로다.

달리기는 모든 운동의 기본이기도 하다. 기초 체력을 기르는 데 이만한 운동이 없다. 하지만 이 기본은 쌓아두면 유지되는 것이 아니다. 오랫동안 뛰었던 사람도 한동안 쉬면 처음부터 다시 시작해야 한다.

기술이 중심이 되는 운동, 예컨대 볼링이나 탁구 같은 종목은 어느 정도 실력이 있다면 오랜만에 해도 금세 감을 되찾는다. 하지만 달리기는 다르다. 쉬는 순간 몸은 곧바로 예전의 상태로 되돌아간다. 1992년 바르셀로나올림픽 마라톤 금메달리스트 황영조 선수도 최근 유튜브 방송에서 5km조차 완주하지 못하고 숨을 헐떡이는 모습을 보였다. 마라톤이 얼마나 정직한 운동인지 보여주는 장면이다.

이처럼 달리기는 거짓말을 하지 않는다. 꾸준함 없이는 결코 얻을 수 없는 성취, 이 진실한 운동을 나는 혼자만의 것으로 두고 싶지 않았다. 양천구민에게도 이 좋은 운동을 널리 알리고 싶었다.

그래서 중단되었던 '양천마라톤대회'를 다시 열기로 결심했다. 다시 시작한 대회는 이전보다 더 크고 풍성하게 개최했다. 안양천을 따라 구민들과 함께 달리는 모습을 상상하는 것만으로도 가슴이 뛰었다.

'가장 좋은 운동은 걷기'라는 통념이 있다. 그것은 사실 달리기가 쉽지 않기 때문이지 걷기가 달리기보다 더 좋다는 의미는 아닐 것이다. 달리기는 체력을 키우고 내장 지방까지 줄여 만병을 예방하는 최고의 운동이다. 실제로 나도 달리기를 통해 건강이 놀라울 정도로 좋아진 경험을 했다. 그래서 양천구민 모두가 조금씩이라도 달려보면 좋겠다는 생각을 하게 됐다.

최근에는 노약자를 위한 '슬로우 조깅(slow jogging)'도 각광받고 있다. 걷는 속도로 아주 천천히 뛰는 방식인데 이 역시 큰 효과를 발휘한다. 걷는 것보다 뛰는 것이 몸 전체를 흔들면서 신체의 활성도를 높인다. 마음먹고 나서기만 하면 집 앞 공원 한 바퀴, 안양천 한 바퀴로도 충분히 시작할 수 있다. 특별한 장비도 시설도 필요 없다. 그래서 달리기는 누구에게나 열려 있는 운동이다.

실제로 마라톤대회가 다시 열리기 시작하자 거리에서 달리는 주민들의 모습이 자주 눈에 띄었다. 양천마라톤대회는 매년 인기를 더해 첫 회에는 참가 신청 마감에 한 달이 걸렸고, 그 다음 해에는 20일 만에 마감됐다. 세 번째 대회는 단 하루 만에 선착순 마감될 만큼 뜨거운 반응을 얻었다. 행사장에서 주민들을 만나보면 대부분 낯익은 얼굴들인데 마라톤대회 날만큼은 처음 보는 분들이 참 많다. 그분들이 가족과 함께 달리고 대회를 계기로 달리기를 계속하게 됐다는 얘기를 들을 때마다 정말 큰 보람을 느낀다.

특히 '가족런'과 '커플런'은 양천마라톤대회의 하이라이트다. 할아버지,

양천, 이 도시의 심장은
사람들의 발걸음으로 뛴다.
함께 달릴 때 도시도
앞으로 나아간다.

아버지, 손주, 3대가 함께 손을 잡고 달리는 장면은 그 자체로 감동이다. 아이들이 환하게 웃으며 뛰는 모습을 보면 이 아이들이 건강한 대한민국의 주인이 되리라는 믿음이 생긴다.

무라카미 하루키는 이렇게도 말했다.

"나는 매일 조금씩 달리며 조금씩 깨닫는다. 나라는 인간의 본질은 결국 매일의 루틴을 포기하지 않는 데 있다는 걸."

그 말처럼, 달리기는 결국 자신과의 약속을 지켜내는 일이다. 나 자신을 배신하지 않는 꾸준함, 그 속에서 삶의 질서는 다시 세워진다. 그리고 그 꾸준함이 한 사람의 건강을 지키고, 한 가정의 행복을 만들고, 결국 한 도시를 건강하게 만든다고 나는 믿는다.

양천시티런을 뛰다

마라톤대회마다 각기 다른 추억이 있다. 2016년 중앙마라톤에서 처음 풀코스를 완주했고, 2017년 춘천마라톤에서는 처음으로 풀코스 마라톤을 4시간 이내 완주하는 '서브4'를 달성했으며, 2019년 동아마라톤에서는 3시간 29분 15초로 개인 최고 기록을 세웠다.

구청장이 된 후에는 문득 이런 생각이 들었다.

'양천구 전체를 직접 뛰어보고 싶다.'

안양천 수변길, 산지 둘레길, 도심 보행길 등을 하나하나 살피며 둘레길 정비를 하던 중, 강아지 모양을 닮은 양천구 전체 둘레길을 뛰어보면 어떨까 하는 생각이 떠올랐던 것이다. 러너들에게 양천구의 이 특별한 코스를 소개하면 좋아할 것 같았다.

그리고 무엇보다 구청장으로서 애정을 담아 직접 양천구 구석구석을 뛰어보며 현장을 체감하고 싶었다.

2023년 10월 15일, 처음으로 양천구 전역을 혼자 달렸다. 총 30.2km, 4시간 7분 24초. 초행이라 몇 번 길을 잘못 들기도 했지만 그

만큼 기억에 남았다.

이듬해인 2024년 4월 14일에는 양천구청 러닝크루와 함께 다시 도전했다. 정확한 코스로 27km를 3시간 50분 32초에 완주했다.

조금만 더 다듬는다면 안양천과 산지, 도심을 잇는 '양천시티런'이 탄생할 수 있겠다는 기대가 마음속에 싹텄다.

내가 구성한 양천시티런은 크게 세 구간으로 나뉜다.

안양천 물길코스는 신목동역에서 출발해 양평교, 목동교, 오목교, 신정교, 오금교까지 이어진다.

산지형 산길코스는 갈산, 신정산, 매봉산, 지양산, 능골산, 수명산을 지난다.

도심코스는 월정로, 국회대로, 등촌로, 공항대로를 따라 이어진다.

2025년 5월에는 양천구청 직원들로 구성된 마라톤 크루 10여 명과 함께 다시 완주했다. 처음 달려본 직원들의 만족도는 무척 높았다.

자신이 일하는 지역의 경계를 발로 구석구석 돌아본 경험은 누구에게나 깊은 울림이 있었을 것이다.

양천구 초입에서 발걸음을 떼다

레이스를 시작하기 전, 출발점인 신목동역에서 가볍게 몸을 푸는데 우뚝 솟은 용왕산이 나를 내려다보고 있다. 양천구에서 용왕산은 서울의 경치를 가장 아름답게 조망할 수 있는 곳 중 하나다.

북동쪽으로는 북한산과 남산이 병풍처럼 펼쳐지고, 그 아래로 한강과 공항로가 시원하게 뻗어 있다. 서쪽으로는 강서구의 우장산이, 남동쪽으로는 관악산이 부드러운 곡선을 그리며 시야에 들어온다.

용의 전설이 있는 용왕산은 엄지산(嚴知山)이라는 별칭도 있다. '으뜸', '첫머리'라는 의미가 담겨 있다. 그래서 그런지 오래전부터 양천구의 새해를 여는 첫 해맞이 행사는 용왕산 정상에서 시작된다.

이 지역은 대를 이어 살아온 토박이들이 아직도 많은 곳이다. 마장, 달거리, 나말, 모세미, 엄지미 등 옛 지명이 여전히 살아 있는 곳이기도 하다. 지역에 대한 자부심과 애향심도 남다르다. 양천구 강아지 모양 중 정수리에 해당하니 지역의 이름이나 지형으로 보아도 양천시티런의 출발점으로 손색이 없다.

출발점인 9호선 신목동역 3번출구에는 '양천 바이크 라운지'가 있다. 2019년에 지었다는데 이용률이 저조해서 개점휴업 상태다. 운영이 중단된 이 공간을 살리기 위해 2022년 서울시 수변공간사업 공모에 도전했고, 수변 쉼터 계획안이 선정되어 시예산 40억원을 확보했다.

하지만 안양천 관리청인 한강유역환경청과의 협의가 어려워 착공이 지연되고 있다. 수해대책이라는 안전 우선의 가치와 주민 여가공간 확충이라는 가치가 충돌하는 지점에서 행정은 조율과 기다림이라는 긴 호흡을 선택할 수밖에 없다. 머지않아 이곳은 멋진 수변 전망 쉼터로 다시 태어나 주민을 맞이할 것이다.

이제 출발이다. 깊은 숨을 한 모금 들이마신 후 천천히 발을 뗀다. 마라톤 풀코스는 42.195km. 양천시티런은 그보다 짧은 27km 남짓이지만 산지코스가 포함돼 있어 체력 소모가 만만치 않다. 마라톤대회에서 출발선을 앞두고 카운트다운을 기다릴 때면 수많은 생각이 스쳐 지나간다. 고된 훈련을 떠올리며 인생 최고 기록을 세우자고 마음을 다지는가 하면, 부상 없이 조심스럽게 달려야겠다는 신중함도 뒤따른다. 전에 아팠던 부위가 저릿하게 느껴지기도 하고, 방금 다녀온 화장실이 다시 생각나기도 한다. 그만큼 긴장감이 높다. 마라톤은 인간의 한계에 대한 도전이기 때문이다.

안양천 숲길에
사람의 발걸음이 흐르고
도시의 내일이
그 위를 따라 흐른다.

양천시티런도 마찬가지다. 출발 직전에 까마득한 거리와 오르막을 떠올리면 긴장이 몰려온다. 하지만 일단 달리기 시작하면 모든 생각은 정지된다. 오직 호흡과 자세에 집중하며 앞을 향해 한 걸음씩 내딛는 것, 그게 전부다.

물길 코스는 신목동역에서 출발해 갈산공원 입구까지 이어진다. 코스는 두 갈래다. 하나는 안양천변의 보행로를 따라 뛰는 길이고, 다른 하나는 뚝방길이다. 뚝방길을 달리다 안양천으로 내려가거나 다시 올라가는 식으로 다양한 조합이 가능하다. 코스 선택은 그날의 기분에 맡기면 된다.

안양천은 양천구의 보배 같은 존재다. 본류 길이만 32.5km에 이르며, 서울의 4개 구와 경기도의 4개 시를 가로지른다. '안양천'이라는 이름은 관악산 자락의 안양사에서 유래했다. 일제강점기 이전까지는 지역마다 저마다 다른 이름으로 불렸고, 양천구 관내의 5.4km 구간은 '철곶포'와 '오목내'로 불렸다는 기록이 전해진다.

교통의 요충지이자 삶의 터전이던 안양천은 산업화 시대에는 또 다른 의미를 지녔다. 영등포 방직공장과 구로공단에서 일자리를 찾아 상경한 이주민들이 뚝방촌과 충청촌에 정착해 살았다. 이후 목동신시가지가 들어선 1980년대 후반부터 오늘의 모습으로 바뀌었다.

안양천은 역사와 지리적 가치뿐 아니라, 경제적·문화적·환경적 가치도 크다. 세계 어느 곳이나 수변공간은 주거지로서 높은 가치를 지닌다. 서울에서 주택 가격이 높은 지역들이 한강을 끼고 있는 이유도 같다. 그런 면에서 안양천은 목동의 주거 가치를 뒷받침하는 숨은 자산이기도 하다.

무엇보다도 안양천은 양천구민의 쉼터이자 놀이터다. 여가와 운동, 일상의 리듬을 제공하는 공간이다. 봄이면 벚꽃이 터널을 이루고, 사람들은 그 속에서 세상에 하나뿐인 모델이 된다. 나 역시 그 벚꽃 터널을 달릴 때면 꽃향기 머금은 공기에서만 느낄 수 있는 행복을 누린다. 가을에는 단풍길을 달리는 재미가 또 다르다. 사계절이 뚜렷하게 흐르고, 사람들 또한 계절따라 다채롭게 머무는 곳, 안양천은 그렇게 계절과 사람을 품는다.

달리기를 하다 보면 도로의 폭이 주는 차이를 체감하게 된다. 8차선 도로보다 4차선 도로가 훨씬 달릴 맛이 난다. 속도감 있게 스쳐가는 주변 풍경이 있어야 힘이 덜 들고 달리기가 즐겁다. 그런 점에서 안양천은 최적의 코스다. 자연과 도시가 어우러지고, 달리는 이에게는 힘을 빼도 괜찮은 여유를 준다.

그래서일까. 안양천은 달릴수록 바라볼수록 더욱 매력적인 공간이다. 내 삶의 한가운데 늘 그 자리에 흐르는 물길. 그 위로 사람과 계절이 지나간다.

사람도 새도 쉴 공간이 필요하다

안양천을 따라 달리다 보면 다양한 체육시설이 눈에 들어온다. 축구장, 야구장, 파크골프장, 테니스장, 족구장, 게이트볼장, 인라인스케이트장, 궁도장까지. 생활체육에 대한 관심이 높아지면서 꾸준히 활동하는 동호인들도 많아지고, 그에 발맞춰 공간들도 하나둘 자리를 잡아가고 있다.

하지만 처음부터 안양천이 이렇게 채워졌던 건 아니다. 개발시대, 서울로 몰려든 인구는 주택 중심의 도시 개발을 이끌었고, 공원이나 체육시설 같은 여가 공간은 우선순위에서 밀려났다. 오롯이 '집'만 지었던 도시가 시간이 흐르면서 여가와 체육에 대한 욕구가 커지자 그 해소 공간을 찾아 나섰고, 결국 눈을 돌린 곳이 하천변과 산기슭이었다.

그렇게 안양천 둔치에는 종목별 체육시설들이 하나씩 들어서기 시작했고, 지금은 촘촘하게 채워진 풍경이 되었다. 체육시설이 늘면서 구청장으로서 해야 할 일도 많아졌다. 폭우로 손상된 축구장의 인조잔디를 교체하고, 야구장에 전광판과 펜스를 설치했다. 전임 구청장이 계획했던 테니스장은 입지 적합성에 의문이 있었지만 행정의 연속성을 고려해서 그대로 추진했고, 잡초 무성했던 족구장도 다시 정비했다.

무엇보다 공을 가장 많이 들인 시설은 파크골프장이었다. 늘어나는 수요에 비해 공간은 협소했고, 그 옆의 우드볼장은 넓은 터를 두고도 한산했다. 유휴 공간을 파크골프장으로 바꾸려 했지만 단 몇 명일지언정 그 자리를 지켜온 이들의 반발은 쉽게 넘을 수 있는 벽이 아니었다. 이용자 수와 상관없이 기존 시설을 바꾸는 일은 언제나 조심스러운 법이다.

기존 우드볼 회원들에 대한 배려, 늘어나는 파크골프협회 회원들의 요구, 협회에 소속되지 않으면서 파크골프를 즐기고 싶은 일반 구민들의 민원을 모두 만족시킬 수 있는 해법을 찾아야 했다. 결국 TF팀을 구성해 이해당사자들과 조율을 거쳤고, 모두가 수긍할 수 있는 결론에 이르기까지 2년이 걸렸다. TF팀을 이끌어주신 양천구 상공회의소 권오성 회장님의 탁월한 조정 능력에 큰 도움을 받았다.

비슷한 고민은 인라인스케이트장에서도 있었다. 한때 유행처럼 번졌던 인라인 열풍은 어느새 사그라들었고, 목동교 부근 인라인장 이용자는 이제 열 손가락으로 셀 수 있을 정도다. 그러나 폐지에 대한 반발과 체육 종목의 유행성을 함께 고려해, 해당 공간은 축소해 일부는 유지하고 일부는 육상 트랙으로 전환할 계획이다.

그러나 안양천 전 구간이 체육시설로만 채워지는 건 바람직하지 않다. 앞으로 남은 공간은 운동보다 '쉼'을 위한 곳이 되어야 한다. 실내 체육시설은 도시 안에 따로 마련하고, 자연 공간은 도시가 숨을 고를 수 있는 숨구멍처럼 남겨두는 것이 옳다. 나무 그늘 아래 벤치가 있고, 바람이 머무는 정원이 있으며, 사람뿐 아니라 새도 쉴 수 있는 그런 쉼터. 그런 공간이 도시에도 우리 삶에도 필요하다.

만약 안양천처럼 넓은 부지가 주택지 안에 있었다면 다양한 개발이 이뤄졌을 것이다. 하지만 이곳은 개발이 제한된 구역이라 오히려 자연이 그대로 남았다. 그 덕분에 삭막한 도시 속에서 사람들에게 숨쉴 수 있는 통로, '숨골'이 되어주고 있다. 이런 공간을 더욱 생태적으로 가꾸고 모두가 쉴 수 있는 풍경으로 만들어야 한다.

실내 체육시설이 부족한 문제를 해결할 방법은 의외로 가까이에 있다. 바로 학교다. 학교 운동장과 체육관, 체육시설의 문을 열면 된다. 초등학교는 통학 거리 1.5km 내에 위치하도록 규정돼 있어 거의 모든 생활권에 있다. 방과 후 주민들이 학교시설을 활용할 수 있다면 체육 활동 공간도 확보되고, 학교는 소통과 공유의 장으로 재탄생하게 된다.

아이와 부모가 함께 시간을 보내고 세대가 어울려 마주치며 생활 속에서 자연스럽게 교감하는 장면들. 이런 공유의 힘은 지역의 새로운 활력소가 된다. 한정된 자원 속에서 모두가 만족할 수 있는 해법. 그 해답은 학교의 문을 여는 데 있다.

그렇게 된다면 안양천 같은 하천 공간은 체육시설이 아니라 정원이나 숲길로 가꿀 수 있다. 신정산, 매봉산, 지양산 등 산기슭마다 빼곡히 들어선 체육시설보다는 자연 그대로의 쉼터를 남겨두는 편이 더 바람직하다. 운동이 필요한 공간은 주거지 가까운 학교 운동장이나 도심 속 실내 시설을 활용하고, 산과 하천은 도시에 남은 마지막 자연으로서 숨쉴 수 있는 여백으로 존중받아야 한다.

그리고 무엇보다 생활체육 동호인들에게 한 가지 부탁하고 싶다. 생활체육 발전만큼이나 공공 자산을 더 많은 주민과 함께 나누는 개방적인 운영 마인드가 필요하다. 안양천의 빈 공간만 보면 자신이 좋아하는 체육 종목 시설로 만들어달라는 요구는 자제했으면 좋겠다. 우리 모두가 숨쉴 수 있는 도시를 함께 만들어가길 바란다.

양천구 정원1번지는 안양천

나는 주말에 안양천을 달릴 때 신정교에서 출발해 한강합수부까지 최소 10km를 달리거나 마곡철교 혹은 여의도 방향으로 거리를 늘려 달린다. 그렇게 달리다 보면 양천구에서 관리하는 안양천변 시설을 자연스럽게 둘러보게 된다. 양평교를 지나 목동교로 달리다 보면 왼편에 정원이 하나 눈에 들어온다. 바로 양천힐링정원이다.

양천힐링정원은 2022년 말, 환경부의 안양지구 하천 환경정비사업 일환으로 조성된 공간이다. 하지만 유지 관리가 어려워지자 양천구청이 인계받아 직접 손을 보기 시작했다. 목동교에서 양평교까지 약 2만㎡ 부지에 초화류와 그라스류 12종, 약 18만 본을 심고 659m의 산책로를 조성했지만 잡초가 워낙 빠르게 자라 조금만 방심해도 금세 풀밭이 되어버렸다. 처음 심었던 초화류는 풀과 함께 자취를 감췄고, 지금은 구청에서 정원을 다시 조성하고 있다.

올해부터 주민참여정원을 시범 운영하고 있다. 정원을 직접 가꿔보고 싶다는 꿈을 품은 주민들에게 작은 공간을 분할해 제공하고, 가드닝 교육도 함께 진행하고 있다. 넓은 정원을 행정이 홀로 관리하는 수고를 줄이면서 주민들은 정원사의 꿈을 이루고, 산책하는 이들은 아름다운 정원을 눈으로 즐길 수 있는 일거삼득의 정책이다. 작고 소박한 정원들이 모자이크처럼 이어져 커다란 풍경을 만들어낸다. 현재 20여 팀이 참여 중이며, 앞으로 더 확대해갈 예정이다.

나 역시 이 사업에 직접 참여해 '기재그림정원'이라는 이름의 작은 정원을 가꾸고 있다. 양천 곳곳에 정원이 많지만 주민이 함께 가꾸는 이 참여정원이 성공한다면 이곳은 '정원 1번지'로 불려도 손색이 없을 것이다.

이 외에도 안양천을 모두가 함께 즐길 수 있는 정원으로 만들기 위한 노력은 계속되고 있다. 취임 이후 안양천 신정교에서 오목교 구간에 있던 자연학습장을 가족정원으로 탈바꿈시켰다. 1,000㎡ 규모의 어린이 물놀이장을 조성하고 잔디마당과 장미원을 넓혔으며, 노후 산책로를 정비해서 교목, 초화류, 장미 등 총 9만여 주를 새롭게 심었다.

'안양천 가족정원'은 양천구가 관리하는 안양천의 양화교~오금교 구간 중 가장 넓은 중심 공간이다. 면적은 9만㎡에 이르고, 295면의 주차장이 마련돼 있어서 가족 단위 방문객도 편리하게 이용할 수 있다. 기존의 '안양천 자연학습장'이 노후화되면서 이를 가족 중심의 공간으로 재탄생시킨 것이다.

어린이 물놀이장에는 터널형, 우산형, 곡사형 분수 등 다양한 물놀이기구를 설치했고, 데크 휴게공간에는 그늘막을 마련해 보호자들이 편히 쉴 수 있도록 했다. 그 옆 녹지 공간은 1,000㎡가량 넓혀 4,100㎡ 규모의 대형 잔디마당으로 조성했고, 인근에는 반려견 쉼터를 설치해 반려문화 확산에도 기여하고 있다.

기존 장미원과 생태습지를 확장 정비하고, 노후 산책로는 새롭게 단장해 계수나무와 남천 등 교관목, 초화류, 장미 등을 심었다. 구민들의 여가 수요에 응답하고 안양천의 넓은 공간적 장점을 최대한 살려 모두가 즐길 수 있는 정원으로 탈바꿈시킨 것이다.

휴일이나 여가 시간, 편안한 마음으로 걸을 수 있는 쉼과 여유의 공간. 안양천이 그렇게 늘 우리 곁에 머물기를 바란다.

시대를 앞서가는 목동

안양천을 따라 목동아파트 숲이 길게 늘어서 있다. 오랜 세월 양천의 보금자리를 지켜온 아파트 단지들이 이제는 새로운 디자인과 빛깔로 변신할 채비로 분주하다.

양천구는 조선시대 이래 습지와 논밭이 많았던 전형적인 시골이었다. 산업화 시대에 영등포와 구로에 공단이 들어서면서 상대적으로 집값이 저렴했던 양천으로 사람들이 몰려들기 시작했고, 1960년대 신월동과 화곡동, 신정동 서부지역이 경인토지구획정리사업을 통해 집단 주거지로 개발되며 도시의 모습을 갖추기 시작했다.

전두환 정권 시절, 아시안게임과 서울올림픽을 앞두고 '500만 호 주택건설사업'이 대대적으로 펼쳐졌다. 김포공항을 통해 서울로 들어오는 외국인의 눈에 판자촌이 비치지 않도록, 안양천 뚝방을 감추듯 목동 신시가지는 그렇게 세워졌다.

목동 신시가지 개발은 한국 현대 도시개발사에서 하나의 이정표로 평가받는다. 도시 구조의 다핵화, 도시계획, 공공건축, 공동주택건축 등 여러 분야에서 창의적인 시도가 이뤄졌기 때문이다. 도시구조적으로는 종로·중구 중심의 기존 행정 중심지, 강남 신도시에 이어 서울 서부의 거점으로 계획되었고, 도시계획적으로는 주거, 학교, 공원, 상가를 도보권에 배치해 생활권 개념을 실현했다.

건축적으로도 김수근을 비롯한 당대 최고의 건축가들이 단지 내부와 단지 간 도보 흐름을 고려한 설계를 적용했는데, 현대 도시계획에서 모범사례로 꼽히기도 한다. 단지 내부를 관통하는 광폭의 공공보행통로와 4차선 일방통행도로 설계 역시 혁신적인 시도였다.

목동은 단순한 주택 공급을 넘어 서울의 관문을 새롭게 디자인한다는 상징적 의미로 조성된 만큼 고덕, 개포, 상계 등과는 성격이 다르다. 전쟁의 상처를 이겨낸 서울의 발전된 모습을 세계에 알리기 위한 역사적이고도 전략적인 프로젝트였다. 또한 무허가 주택의 재산권 인정과 세입자 입주권 보장 등 당시로서는 진보적인 주거권 보장도 함께 이뤄졌다.

그리고 40년이 지난 지금, 목동은 또 한 번의 큰 변화를 앞두고 있다. 지구단위계획 면적만 양천구 전체 면적의 약 25%에 해당하는 4.3㎢로, 이는 산본 신도시보다도 넓은 규모다.

이번 목동지구단위계획은 단지의 외형 변화에 그치지 않는다.

첫째, 서울 최초로 49층 스카이라인을 갖춘 신도시급 도시가 만들어

목동아파트 단지는
49층으로 스카이라인이 바뀌고,
스마트기술과 첨단 건축기술을 갖춘
미래형 주거공간으로 재탄생한다.

지는 상징적인 지역이 된다.

둘째, 하나의 단지 안에 편의시설, 교육·문화시설, 복지시설, 체육시설이 집약된 커뮤니티형 주거지가 조성된다.

셋째, AI 홈네트워크, 스마트홈, 유비쿼터스 설계 등 미래 도시 기술의 집약체로서 도시주택 기술의 정점을 구현하게 될 것이다.

그야말로 목동은 서울 재건축의 미래이자 대한민국 도시주거의 새로운 표준이 되어가고 있다.

허들을 넘으면 또 다른 허들이 있다

　도시정비사업은 긴 호흡이 필요하다는 점에서 마라톤과 닮았다. 하지만 단계를 하나씩 넘어야만 다음으로 갈 수 있다는 점에서는 오히려 장애물 경기에 가깝다. 정비계획 수립, 조합 설립, 사업계획 승인, 관리처분계획 승인 등, 각 단계는 하나의 허들이고 그 허들을 넘지 못하면 경기는 멈춘다. 그래서 각 단계마다 초집중해서 최선을 다해야 한다.

　목동아파트 재건축은 2025년까지 대부분 단지가 정비계획 수립을 마치고 조합설립 단계로 전환하는 것을 목표로 하고 있다. 지금까지 서울에서 가장 빠른 속도로 단계별 절차를 밟아가는 중이다.

　재건축의 첫 번째 허들은 '안전진단 통과'였다. 문재인 정부 시절, 재건축을 억제하기 위한 강한 규제로 대부분의 단지가 2차 정밀안전진단 단계에 머물러 있었다. 윤석열 정부 들어 기준이 완화되었지만 이미 2차 진단에 계류된 단지들은 새로운 기준이 소급 적용되지 않으면 다시 1차 진단부터 시작해야 하는 상황이었다. 자칫하면 2~3년의 시간이 허비될 수 있었다.

이 문제를 당시 국토부장관이었던 원희룡 장관에게 직접 건의했고, 국토부는 소급 적용을 처음으로 허용해 주었다. 주민들은 잘 알지 못하지만 이는 목동아파트 재건축 사업에서 시간과 비용을 크게 줄여준 결정적 전환점이었다.

두 번째 허들은 '정비계획 수립'이었다. 오세훈 서울시장이 도입한 신속통합기획 덕분에 목동 전 단지가 2년 내 정비계획 수립과 고시를 마칠 수 있게 되었다.

세 번째는 '조합 설립'의 단계다. 이 과정에는 행정의 지원도 중요하지만, 결국 관건은 주민 스스로의 단결과 신뢰다. 리더십, 공감, 그리고 끊임없는 소통이 핵심이다. 이 단계에서 주민 의견이 얼마나 원만히 모이느냐에 따라 사업 속도는 크게 달라진다.

그다음은 '사업 승인'이다. '신속통합기획'으로 간소화된 통합심의 절차를 거치면 예전보다 소요 기간을 절반 가까이 단축할 수 있을 것으로 기대하고 있다.

마지막으로 '이주 대책'이다. 아직 구체적인 계획은 나오지 않았지만, 목동의 사례는 1기 신도시 재건축의 선례가 될 것이다. 중요한 건 목동 주민을 받아줄 수 있는 인근 주거지의 수용력이다. 이 부분은 전문가들과 함께 전·월세 수급 시뮬레이션을 분석하며 부작용 없는 안정적 이주 방안을 검토하고 있다.

장애물의 모양은 모두 다르다. 어떤 건 높고, 어떤 건 낮으며, 때로는 물을 건너야 하고 진흙탕을 기어야 한다. 도시정비사업도 마찬가지다. 그래서 각 단계마다 집중력을 잃지 않고 허들을 넘어야 한다.

1~3단지, 종상향의 숙제를 풀다

재건축 안전진단 기준 완화의 소급 적용을 받아냈고, 그 덕분에 목동아파트 재건축은 본격적인 속도를 내기 시작했다. 재건축을 준비하던 각 단지 주민들은 일제히 환영과 감사의 인사를 보내왔다. 그러나 정작 1, 2, 3단지 주민들의 표정은 밝지 않았다. 다른 단지들은 재건축을 향해 속도를 내고 있었지만 이들 세 단지는 '종상향'이라는 난제를 끌어안고 있었다.

문제의 시작은 2004년으로 거슬러 올라간다. 정부와 서울시가 일반주거지역을 1종, 2종, 3종으로 세분화하는 종세분화 정책을 시행했고, 이에 따라 자치구별로 총량제가 적용되었다. 당시 양천구는 미개발 지역에 3종 면적을 우선 배정하면서 목동아파트 4~14단지는 3종을 적용했으나 1~3단지는 2종으로 낮춰 버렸다. '향후 재건축 시기가 오면 이 세 단지만 2종을 할 수 없을 것'이라는 안이한 생각이 결국 20년 넘는 세월 동안 풀기 어려운 숙제를 만들어 버렸다.

2016년, 서울시는 주민 집단시위에 밀려 종상향을 조건부로 허용하는 입장을 내놓았다. 2종을 3종으로 상향하되, 그로 인해 늘어나는 용적률의 절반을 민간임대주택으로 제공하라는 조건이었다. 그러나 이 안은 다른 단지에 비해 경제적 손실이 큰 내용이었고, 주민 다수는 수용할 수 없다는 입장을 보였다.

구청장이 된 이후 여러 차례 서울시와 협의했지만 서울시는 여전히 "조건 없는 종상향은 불가하다"는 원칙론을 고수했다. 주민들은 타 단지와의 형평성을 들어 조건 없는 종상향을 요구하고, 서울시는 다른 지역과의 형평성을 들어 이를 거부하는 상황. 양쪽 모두 형평성을 내세우다 보니 문제 해결없이 평행선을 달렸다. 새로운 길을 찾아야 했다.

고민 끝에 내가 내놓은 해법이 '토지 기부채납 없는 개방형 녹지', 이른바 목동그린웨이 구상이다. 국회대로 공원화 사업의 녹지축을 목동 1~3단지를 거쳐 안양천까지 연결하는 녹지축 전략. 서울시가 중점 추진 중인 '도시녹지축 연결' 정책을 겨냥한 제안이었다.

하지만 이 제안에 대해서도 주민들은 부정적 입장이었다. "100% 조건 없는 종상향이 아니라면 받아들일 수 없다"는 반응이었다. 나는 이 구상이 토지 기부채납도, 민간임대아파트 제공 의무도 없기 때문에 경제적 손실이 없는 방안이라는 점을 여러 차례 설명했다. 주민들과의 간담회를 반복하고, 서울시에는 제안의 필요성과 타당성을 꾸준히 설득해 나갔다. 그렇게 서서히 주민들의 마음이 열렸고, 서울시 역시 기존 입장을 완화해갔다.

결국, 목동 1~3단지의 종상향이 확정되었다. 긴 시간 숙고하고 논의해온 방향이 마침내 '지구단위계획 변경'이라는 구체적인 성과로 이어진 것이다.

마지막 관문은 도시계획 심의였다. 심의위원들의 우려를 설득하는 과정도 쉽지 않았다. 그 과정에서 당초 계획했던 공원의 폭이 줄고, 단지 둘레길로 나뉘는 방식으로 그린웨이 구상이 일부 축소되었다. 하지만 핵심 과제였던 종상향은 실현되었고, 이는 목동 재건축에 있어 결정적 이정표였다. 서울시 도시계획 사상 최초의 사례가 되었다.

그동안 정치인과 행정가들이 풀지 못했던 과제를 나는 새로운 발상으로 돌파해냈다. 도시정비사업이란, 결국 문제 해결의 연속이고 그 과정은 늘 장애물로 가득하다. 하지만 '장애물'은 우리가 넘기 위해 존재하는 것이고, 어떤 장애물이든 포기하지 않고 넘다 보면 결국 길이 열린다.

미래의 삶을 담아내는 도시공간

서울의 인구밀도를 두고 다양한 의견이 오간다. 어떤 이는 과밀을 말하고, 또 어떤 이는 쇠락을 말한다. 그러나 나는 여전히 서울이 개발 여력이 많은 도시라고 믿는다.

서울의 인구는 줄고 있지만 경기도는 외곽으로 계속 팽창하며 인구가 늘고 있다. 매일 왕복 두세 시간씩을 출퇴근에 쏟는 청년들을 볼 때면 서울 안에서 더 많은 주거가 공급되어야 한다는 생각이 든다. 단순한 숫자의 문제가 아니라 삶의 질과 기회의 균등에 관한 문제다.

목동아파트는 현재 15층에서 49층으로 스카이라인이 바뀐다. 더 높은 층수와 넓은 통경축으로 개방감 있는 건축이 필요하지만 35층 제한이 풀린 것만으로도 고마운 일이다. 재건축 이후 단지들은 스마트기술과 첨단 건축기술을 담은 공간으로 탈바꿈하고, 커뮤니티 시설도 대폭 늘어 단지별 편의시설이 풍부해질 것이다. 미래지향적인 주거모델로 재탄생하는 것이다.

도시가 미래로 나아가기 위해선 규제부터 걷어내야 한다. 지금은 토지용도가 지나치게 세분화돼 창의적인 설계가 어렵다. 일반주거지역을 1·2·3종으로 나누는 것도 재산권을 침해하는 불합리한 규제다.

나는 줄곧 '창의도시'를 주장해 왔다. 난개발이 걱정된다면 일정 구역을 '규제 프리존'으로 정해 실험해보자. 층수, 용적률, 용도를 풀어주면 창의적인 설계가 가능하다. 롯데월드타워처럼 싱글타워 또는 더블타워, 지하도시도 가능하다. 최소한의 가이드만 제시하면 충분히 멋진 도시가 나올 수 있다.

지금은 규제가 많아 제대로 된 설계를 하기가 어렵다. 건폐율, 용적률, 층고, 기부채납 등 수많은 조건 속에 인센티브가 얹혀 있는 구조다. 이런 구조에서는 도시 본연의 매력을 살리기 힘들다.

도시에는 '색깔'이 필요하다. 행정은 절차 관리에는 능하지만 도시의 개성을 만드는 데는 소극적이다. 어떤 도시를 만들지에 대한 고민은 부족하다.

내가 가장 존경하는 도시계획가인 르 코르뷔지에는 이렇게 말했다.

"오늘날의 도시는 기하학적으로 설계되지 않았기에 죽어가고 있다. 빈 터 위에 지어야 현재의 도심을 대체할 수 있다."

낡은 도시는 유지·보수에 급급할 것이 아니라 재창조되어야 한다.

목동과 양천의 노후 아파트, 낡은 주택지는 지금의 생활에 적합하지 않다. 새로운 시대에 맞는 공간으로 바꾸는 것이 시대적 과제다. 주거,

편의시설, 기반시설이 조화를 이루어야 한다.

도시설계의 기본은 인구와 밀도다. 오래전부터 도시의 적정 인구에 대해 다양한 의견이 있었다. 영국의 도시계획가인 에벤에저 하워드는 25만 명의 전원도시를 주장하기도 했지만 최근엔 초고밀 복합이용 도시인 컴팩트시티가 주목받고 있다. 르 코르뷔지에는 이미 1800년대에 이런 도시를 설계했다. 지하철 위에 도로와 상업지구, 100층 아파트, 열차역과 헬기장을 가진 건축구조를 제안했다. 지금의 미래도시는 이 방향으로 나아가고 있다.

서울 인구는 1,000만 명에서 900만 명으로 줄었지만 기반시설만 보면 1,500만 명도 수용 가능하다. 자치구마다 복합건물이 생긴다면 주거와 업무, 생활이 모두 해결된다. 이동은 줄고 삶은 더 편리해질 것이다.

도시에 대한 이상은 사람마다 다르다. 전원도시를 선호할 수도 있고 초고층 복합도시를 원할 수도 있다. 하지만 세계는 이미 초고층 복합도시를 향해 나가고 있다. 밀도를 높이면 에너지를 더 적게 쓰고 자연도 보호할 수 있다. 하버드대 교수인 에드워드 글레이저는 『도시의 승리』에서 이렇게 말했다.

"도시 아파트에 사는 것은 자연적 자원 제한과 맞서는 가장 효율적인 방법이다. 수직으로 지어야지 수평으로 확장하면 안 된다."

목동이 재건축되면 5만 세대의 신도시급 고층아파트단지가 만들어진다. 이 사업은 양천구만의 문제가 아니다. 서울시와 정부가 함께 창의적인 도시 모델을 만들어야 한다. 지금까지의 도시계획, 기술, 시행착오를 모두 담아 '스마트 미래도시'를 만들 수 있어야 한다. 이곳 목동에서 미래도시의 새로운 기준이 시작되기를 바란다.

'서울신문   2022-09-05

'안전진단 기준 완화' 주민 안전으로 봐야

'서울신문 2022년 9월 5일 월요일   오피니언   25

'안전진단 기준 완화' 주민 안전으로 봐야

자치광장

이기재
서울 양천구청장

지난 8월 서울에 물폭탄이 쏟아지던 날 목동아파트 단지에서 외벽 일부가 탈락해 바닥에 떨어졌다. 새벽 2시에 발생한 일로 다행히 인명피해는 피할 수 있었지만 떨어진 외벽 잔해물로 인해 주차된 차량이 크게 파손되는 아찔한 사고가 일어났다. 응급 안전조치를 해 두었지만 아파트 외벽 일부에 여전히 균열이 남아 있어 비슷한 사고가 언제든지 일어날 수 있는 상황이다.

최근에는 다른 아파트 단지에서 화재가 발생했다. 건축연도가 30년이 넘은 오래된 아파트라 부족한 주차 공간으로 인해 이중주차가 돼 소방차가 바로 출동했음에도 화재가 일어난 아파트 앞까지 진입하는 데 꽤 시간이 걸렸다. 사다리차를 이용하지 못하게 되자 소방관들이 다급하게 소방 호스를 8층까지 끌고 올라가 간신히 진화했지만 몇몇 주민이 중경상을 입었다.

양천구는 목동아파트를 비롯해 신월동과 신정동에 노후 건물이 상당수여서 각 단지의 동마다 유사한 위험이 산적하고 있다. 특히 목동아파트 1~14단지 전체 외벽은 조적 벽체(벽돌을 쌓아 올려서 벽을 만든 건축구조)로 돼 있어 외벽 균열

지난 8월 서울에 물폭탄이 쏟아지던 날 목동아파트 단지에서 외벽 일부가 탈락해 바닥에 떨어졌다. 새벽 2시에 발생한 일로 다행히 인명피해는 피할 수 있었지만 떨어진 외벽 잔해물로 인해 주차된 차량이 크게 파손되는 아찔한 사고가 일어났다. 응급 안전조치를 해 두었지만 아파트 외벽 일부에 여전히 균열이 남아 있어 비슷한 사고가 언제든지 일어날 수 있는 상황이다.

최근에는 다른 아파트 단지에서 화재가 발생했다. 건축연도가 30년이 넘은 오래된 아파트라 부족한 주차 공간으로 인해 이중주차가 돼 소방차가 바로 출동했음에도 화재가 일어난 아파트 앞까지 진입하는 데 꽤 시간이 걸렸다. 사다리차를 이용하지 못하게 되자 소방관들이 다급하게 소방 호스를 8층까지 끌고 올라가 간신히 진화했지만 몇몇 주민이 중경상을 입었다.

양천구는 목동아파트를 비롯해 신월동과 신정동에 노후 건물이 상당수로 각 단지와 동마다 유사한 위험이 상존하고 있다. 특히 목동아파트 1~14단지 전체 외벽은 조적 벽체(벽돌을 쌓아 올려서 벽을 만든 건축구조)로 돼 있어 외벽 균열보수공사를 계속해도 낙하사고가 발생할 우려를 안고 있다. 또한 30여 년 전 설계에 맞춰 건축된 건물이라 주차장 부족과 단열미흡 등의 문제로 주거 생활에 불편을 겪고 있다. 이처럼 대책 마련을 위해 주민 의견을 듣다 보면, 과연 재건축의 문제가 주택 공급과 주택 가격 안정만을 위한 것인가라는 근본적인 질문을 던지게 된다. 안전진단을 평가하는 본래의 목적은 구조물의 위험성을 판단해 '주민을 안전하게 보호하기 위한 조치' 즉, 주민의 생명을 보호하기 위한 기준이다. 하지만 문재인 정부에서는 안전진단을 부동산 가격 조정을 위한 규제처럼 활용했다. 이제는 안전진단 본래의 목적이 제대로 정립돼야 한다.

국토교통부는 '8·16 국민 주거안정 실현방안'에서 지자체가 재건축 안전진단 평가항목 배점을 조정할 수 있고, 적정성 검토 여부에 대한 판단도 맡기겠다고 밝혔다. 문제는 안전진단을 완화해 재건축을 앞당기자는 의지를 확실하게 밝힌 것인지, 혹시라도 국토부와 서울시가 서로 책임을 미루며 지연될 것인지 현재로서는 가늠하기 어렵다.

앞서 두 가지 사건에서 보았듯이 노후된 건물로 인한 사고는 언제든 인명사고로 발전할 가능성이 농후하다. 이런 현실을 알면서도 시급히 조치를 취하지 않는다면 너무 무책임한 태도 아닌가. 당장 벽에 금이 가 언제 떨어질지 모르는 외벽을 쳐다만 봐야 하는 주민들은 속이 시꺼멓게 타들어 간다.

아무리 긴 언덕도 높은 언덕도
반드시 끝이 있다.
멈추지 않고 올랐을 때
찾아오는 짜릿한 전율이 있다.
언덕은 반드시 내리막길로 보답해준다.

2부 | 누군가 풀어야 할 숙원과제

산길코스 _ 1

양천시티런
산길코스 _ 1

산을 달리는 진짜 맛을
이 구간에서 느낀다.
언덕을 마주하면 망설여진다.
뛰어서 오를 것인지,
걸어서 오를 것인지.

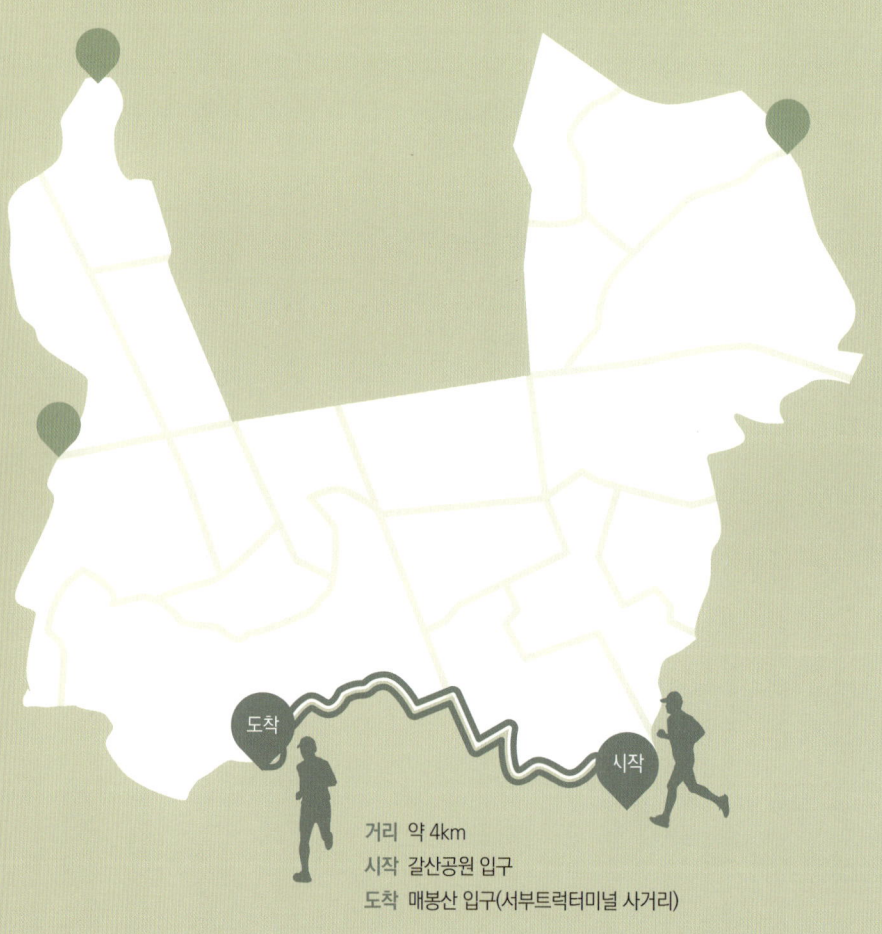

도착

시작

거리 약 4km
시작 갈산공원 입구
도착 매봉산 입구(서부트럭터미널 사거리)

자세와 태도는 결과를 만든다

달리기는 동네 골목에서든 학교 체육시간에서든 대부분 한 번쯤은 해본 운동이다. 이런 익숙함 때문에 성인이 되어 장거리 달리기에 도전할 때도 러닝 자세에 대한 고민 없이 그저 밖으로 나가 달리는 것부터 시작한다. 다른 스포츠 종목들은 보통 레슨을 받거나 기본 자세를 익히는 과정을 거치지만 달리기는 그 단계를 생략하기 일쑤다.

마라톤대회에 나가 보면 러너들의 자세는 천차만별이다. 고수들은 대체로 비슷한 자세를 유지하지만 아마추어들은 각자 독특한 러닝 폼을 지니고 있다. 깡충깡충 솟구쳐 뛰는 사람, 바닥에 바짝 붙어 저중심으로 달리는 사람, 앞이나 뒤로 몸이 과도하게 기울이는 사람, 팔을 좌우 비대칭으로 흔드는 사람도 있다. 자세만 관찰해도 각자의 개성을 들여다보는 듯해 흥미롭다.

자세가 나쁘다고 해서 반드시 기록이 나쁜 건 아니다. 용왕산클럽의 한 회원은 심한 오다리(내반슬)임에도 아마추어 꿈의 기록인 서브3를 여러 차례 달성한 적이 있다. 외회전된 발목으로도 마치 오토바이처럼 거침없이 달린다.

기록은 훈련을 통해 만들어지는 것이지만 문제는 부상이다. 자세가 좋지 않으면 어느 순간 고관절, 햄스트링, 무릎, 발바닥이 비명을 지른다. 반면 좋은 자세는 기록 향상뿐 아니라 부상 위험도 줄여준다.

나 역시 마라톤에 입문할 때는 자세 교정 같은 건 생각하지 않았다. 그냥 달리면 되는 줄 알았다. 간간이 고참 러너들이 건네는 조언에 따라 폼을 흉내 내보기도 했지만 내 자세가 어떤지 객관적으로 점검해볼 생각은 하지 못했다. 그렇게 시간이 흐르면서 라운드 숄더, 상체의 과도한 전경사, 낮은 중심, 약한 백피치 같은 문제들이 내 몸에 굳어졌다.

그래서 나는 러닝을 시작하는 분들에게 꼭 전하고 싶다. 첫걸음을 내디딜 때부터 좋은 자세를 익히는 것이 무엇보다 중요하다고. 몸에 밴 습관은 생각보다 쉽게 고쳐지지 않고, 잘못된 자세는 곧 부상과 멈춤으로 이어지기 때문이다.

그런 생각에서 양천구 생활체육 프로그램에 러닝 교실을 만들었다. 20여 명을 모집해서 시작했는데, 호응이 좋아 2개반 각 25명으로 확대해서 어느덧 여섯 번째 무료 강좌를 열었다. 기본적인 자세와 훈련법을 나누는 일은 안전하고 즐거운 러닝 문화를 만드는 데 작지만 분명한 밑거름이 되리라 믿는다.

또한 달리기 자세로 유명한 이선춘 코치(일명 '썬코치')를 초빙해 직접 유튜브 영상을 제작하기도 했다. 4편의 영상에 걸쳐 기초 스킵운동, 팔과 발의 올바른 자세, 착지법 등 러너에게 꼭 필요한 내용을 담았다. 나처럼 오랜 시간 몸에 굳은 자세가 있는 사람에게 자세를 바꾸는 건 쉽지 않지만 썬코치의 이 말에는 깊이 공감했다.

"러닝은 발로만 하는 운동이 아닙니다. 온몸의 근육이 협응해서 탄성을 만들어 내야 하고, 그래야 덜 지치고 부상도 줄일 수 있어요."

그 말을 들은 이후로 나도 기록보다는 자세에 더 신경을 쓰게 되었다. 몸의 탄성을 유지하고 신체 여러 부위의 협응력을 높이기 위해 노력한다. 오래, 그리고 부상 없이 달리기 위해서다.

자세는 단지 달리기에서만 중요한 것이 아니다. 삶 전체에도 깊은 영향을 미친다. 나는 사회생활에서도 '태도'가 가장 중요하다고 믿어왔다. 어떤 자세로 일에 임하고, 어떤 태도로 사람을 대하느냐가 결국 그 사람의 성과와 평판을 좌우한다. 머리는 선천적으로 타고나는 부분이 많지만 자세는 후천적인 노력으로 충분히 바꿀 수 있다. 물론 머리라고 해서 하나의 능력만 있는 것도 아니다.

기억력, 이해력, 판단력, 종합적 사고력 등 두뇌 능력은 다양한 스펙트럼을 가진다. 명문대학에 진학하거나 고난도의 시험에 통과하기 위해서는 기억력과 이해력이 중요하다면, 어떤 직업군에서도 탁월함을 인정받기 위해서는 판단력과 종합적 사고력이 더 큰 역할을 한다고 생각한다. 경험상 기억력을 제외한 대부분의 두뇌 능력은 자기 개발과 훈련을 통해 얼마든지 향상시킬 수 있다. 그리고 이 모든 능력 외에 반드시 필요한 것이 하나 있다. 바로 '사회적 능력', 다시 말해 '태도 점수'다. 이 점수가 높을수록 신뢰받는 사람, 함께하고 싶은 사람이 된다.

국회 보좌관 시절, 원희룡 의원은 의원실 워크숍에서 '친부겸'이라는 화두를 꺼낸 적이 있다.

"우리는 가장 친절하고 가장 부지런하고 가장 겸손한 자세로 일하는 의원실이 되었으면 좋겠다."

모두가 그 말에 공감했고 자연스럽게 업무에도 태도의 변화가 생겼다.

지금 나는 1,400여 명의 공직자를 이끄는 구청장으로 일하고 있다. 그동안의 경험을 바탕으로 공직자의 자세와 태도에 대해 다시 정의하고 싶었다. 사람을 대하는 태도인 '친부겸'에, 일을 대하는 자세로 '알선적'을 더했다.

'알선적'이란 먼저 '알고 하라'는 의미다. 일을 정확히 파악하지 못하면 실패하기 마련이다. 어설프게 알고 한 지시는 엉뚱한 결과를 만든다. 두 번째는 '선제적으로 하라'. 뒷북치지 말라는 얘기다. 일이 커지기 전에 미리 해결하는 태도다. 마지막은 '적극적으로 하라'. 민원이든 행정이든 내 일처럼 내 가족의 일이라고 생각하고 적극적으로 임하라는 의미다.

이처럼 '알선적'은 일을 대하는 자세를, '친부겸'은 사람을 대하는 태도를 말한다. 나는 이 여섯 글자, '알선적 친부겸'을 구청장으로서 스스로 먼저 실천하려고 한다. 윗사람이 하지 않으면 아랫사람은 따르지 않는다. 내 태도가 곧 조직의 분위기를 만든다. 그래서 늘 이 말을 반복한다.

"저부터 '알선적친부겸' 하겠습니다. 저를 보시고 좋아 보이면 따라해 주세요."

공직자의 자세가 바뀌면 행정의 수준이 달라진다. 좋은 러닝 자세가 운동 수행 능력을 높이고 부상을 줄이듯 사람과 일을 대하는 태도가 좋은 사람은 업무 능력이 우수하고 실수가 적다.

그 사람, 어떤 스타일이야?

"그 사람, 어떤 스타일이야?"

누군가를 처음 만났을 때 자주 던지는 질문이다. 8년 만에 구청장이 바뀌었고 낯선 인물이 갑자기 양천구청장으로 나타났으니, 직원들도 분명 같은 궁금증을 가졌을 것이다.

공직사회는 협력의 조직이다. 혼자서 할 수 있는 일은 거의 없다. 구청장으로서 소임을 다하려면 직원들과의 호흡이 무엇보다 중요하다. 그래서 나는 스스로에게 물었다.

'나는 어떤 스타일인가?'

'직원들과 어떤 방식으로 일하고 싶은가?'

스타일은 하루아침에 만들어지지 않는다. 오랜 시간 몸에 밴 습관, 다양한 조직을 경험하며 터득한 방식, 그리고 삶의 태도에서 비롯된다. 내가 일하는 방식, 구정을 어떻게 이끌고 싶은지를 공직사회와 공유할 필요가 있다고 생각했다. 그래서 취임 초기, 구정 운영의 세 가지 방향을 정했다. 바로 '직접소통, 현장중심, 혁신행정'이다.

'소통'이라는 말은 너무 익숙해져서 때론 의미가 흐려지곤 한다. 나는 그 말 앞에 '직접'이라는 단어를 붙였다. 양천구청은 조직이 크고 위계도 뚜렷하다. 주무관에서 시작해 팀장, 과장, 국장, 부구청장을 거쳐야 구청장에게 보고가 도달한다. 어떤 사람은 이 위계 자체를 소중하게 여긴다. 잘못된 것은 아니다. 그런 스타일의 리더십도 있다. 하지만 나는 조금 다르다. 가능하면 '직접' 듣고, '직접' 만나서 이야기하고, '직접' 현장을 보고 판단하고 싶다. 위계보다 중요한 것은 소통의 속도와 진정성이라고 믿는다.

그런 생각의 상징으로 개인 휴대폰 번호를 홈페이지에 공개했다. 대부분의 구청장들이 민원전용 번호를 따로 두고 비서실에서 관리하는 방식을 택하지만, 나는 그 방식이 진짜 소통이라고 느껴지지 않았다. '직접 소통'이라는 말이 진심이려면, 일상에서 사용하는 전화번호를 공개하는 것이 맞다고 판단했다.

공개 후 문자폭탄, 협박성 메시지도 적지 않았고, 일에 집중하지 못할 정도로 핸드폰이 울릴 때도 있었다. 때로는 후회도 됐다. 나 하나만 불편하면 되는 문제가 아니었다. 구청 조직 전체가 부담을 느끼는 상황도 생겼다. 하지만 약속은 약속이었다. 그래서 버텼다. 그 결과, 곁가지 문자를 빼고 꼭 필요한 민원 문자만 추려도 3년간 총 1,077건의 민원이 들어왔고, 이 가운데 419건의 민원을 바로 해결했다. 단순히 숫자의 문제가 아니라 그만큼 구민들의 삶 속에서 구청장이 직접 듣고, 확인하고, 움직였다는 사실이 중요했다.

내가 생각하는 직접소통의 완성은 '현장중심 행정'이다. 많은 행정가들이 '현장에 답이 있다'고 말하지만, 나는 그 말의 의미를 몸으로 아는 사람이다. 건설현장에서 10년 넘게 일한 경험 덕분에 나는 설계도면이나 문서보다 현장을 더 신뢰한다. 눈으로 보고 발로 밟아보지 않으면 진짜 문제를 파악하기 어렵다.

통학로 안전 문제를 예로 들면 그렇다. 지향초 앞 펜스 설치, 신남초 앞 보도와 차도 분리 공사, 정목초 일방통행 지정, 목3동 깨비시장 앞 보도 조성 등등. 이 모든 것들은 주민 문자를 받고 곧장 현장을 찾았기에 가능한 일이었다.

현장에 가면 방향이 보이고 그 방향은 '혁신'이라는 결과물로 이어진다. 혁신은 말처럼 거창한 일이 아니다. 낡은 관행에서 한 발짝 벗어나는 용기다. 너무 익숙해서 문제라고 느끼지 못했던 관행들을 의심하고 '꼭 이렇게 해야 할까?'라는 질문을 던지는 것에서 출발한다.

주차 민원은 늘 넘쳐난다. "단속해달라"는 민원과 "단속하지 말라"는 민원이 하루에도 여러 건씩 교차된다. 해답은 결국 주차 공간을 늘리는 것이다. 하지만 땅은 부족하고 공영주차장 1면 조성에 2억 원이 드는 현실 속에서 단순 확충은 한계가 뚜렷했다. 그래서 아파트 단지 내 공간을 활용하는 새로운 길을 찾았다. 조례를 바꾸고, 주민들을 설득하고, 공동주택 지원사업으로 확장했다. 공사비의 70%를 지원해 2024년과 2025년에만 684면의 주차장을 확보했다.

뿐만 아니다. 신월1동 복개도로 화단, 신월5동 군부대 부지, 신월7동 재개발 예정지 민간 토지 등 다양한 곳에서 주차 공간을 확보했다. 땅이 없다는 핑계 대신 가능한 모든 자원을 찾아나섰다.

보도블럭 교체 민원도 비슷했다. "왜 멀쩡한 보도를 바꾸냐"는 불만은 늘 있었지만, 실제로 당장 교체가 필요한 곳도 존재했다. 그래서 민원이 들어오면 직접 나가보고 현장에서 판단했고, 지하매설물 공사와의 연계 여부 등을 반드시 확인하도록 지시했다. 이렇게 하면 중복 투자를 줄일 수 있고 주민 불만도 낮출 수 있다.

마을버스 정류장의 버스도착 안내기 설치는 또 하나의 작지만 중요한 변화였다. 마을버스는 버스 도착까지 대기시간이 길어서 더 불편한데도 도착 안내기는 대부분 설치돼 있지 않았다. 서울시에서 연간 2~3대 설치 예산만 지원하는 관행 탓이었다. 나는 구 예산으로 설치하기로 결정했다. 시 예산만 기다리면 설치를 완료하기까지 15년이 더 걸리게 생겼기 때문이다. 디지털시대에 문명의 혜택을 못보는 주민들의 피해가 훨씬 더 크다고 판단했다. 그래서 1년 만에 양천구의 모든 정류장에 안내기를 설치할 수 있었고, 서울시 25개 구 중 가장 먼저 완비한 구가 되었다.

이런 일들이 하나둘 쌓이면서, 공무원들도 내 스타일을 서서히 알아가기 시작했다. 이제는 내가 일일이 지시하지 않아도 스스로 먼저 현장을 찾아가고, 먼저 대안을 고민하는 모습이 곳곳에서 보인다.

나는 리더십이란 위에서 강요하는 것이 아니라 함께 경험하며 신뢰를 쌓아가는 과정이라고 믿는다. 그런 방식으로 양천구는 지금 '혁신행정'이라는 새로운 스타일로 일하고 있다.

신정차량기지 이전의 물꼬를 트다

안양천 '물길코스'는 갈산공원 입구에서 끝난다. 오금교를 지나 고척교로 가다 보면 중간 지점에 구로구와의 경계 표지판이 나온다. 양천시티런을 처음 했을 때는 이곳에서 뚝방길로 올라가 골프연습장 골목으로 달렸다. 양천구 지도 모양을 가능한 유지하면서 뛰려면 그렇게 해야 한다. 하지만 그럴 경우 양천구 최남단에 있는 갈산에 오르지 못하는 아쉬움이 생긴다. 그래서 세 번째 달릴 때는 갈산 정상을 찍고 내려오는 코스로 조정했다. 이렇게 뛰어야 양천구 전체를 돌아보는 느낌이 훨씬 강하게 다가 올 수 있다.

양천시티런의 두 번째 구간인 '산지코스'는 갈산을 오르면서 시작된다. 이 코스는 양천구의 남서쪽을 따라 갈산-신정산-계남산-매봉산-지양산-능골산-수명산을 잇는다. 산들이 완전히 연결된 것은 아니지만, 산을 넘고 또 넘는 트레킹 맛을 제대로 느낄 수 있다. 대도시에서 이런 산지형 녹지축을 가진 것은 큰 복이다. 이 축복을 모두가 누릴 수 있도록 장애인도 이용할 수 있는 '무장애 데크길'을 조성했고, 맨발로 산을 이용하는 분들을 위해 마사토길과 황토길을 추가로 정비하고 있다. 숲속에서 모든 주민들이 신선한 공기와 함께 자연의 축복을 온몸으로 느낄 수 있길 바란다.

'산길코스'의 시작점인 갈산은 본래 이름이 '칼산'이었다. 능선의 모양이 날카로워 그렇게 불렸지만 이제는 발음도 부드러운 '갈산'으로 바뀌었다. 다른 산들에 비해 높지는 않고 도시 개발로 훼손되어 지금은 안양천을 바라보는 경사면 일부만 남아 있다. 그럼에도 이 산은 여전히 양천의 남쪽을 묵묵히 지키는 수문장처럼 그 자리를 지키고 있다.

갈산 옆에는 신정차량기지가 있다. 서울 2호선 열차가 이곳에서 수리되고 서울 전역을 달린다. 서울시민에게 꼭 필요한 시설이지만 인근 양천구 주민들은 30년 넘게 열차 소음에 시달리고 있다. 밤이면 200m 떨어진 아파트까지 차량바퀴의 쇳소리가 불쾌한 소음이 되어 퍼진다. 문제는 소음뿐 아니다. 차량기지 주변의 주거환경이 단절되어 지역커뮤니티 형성에 큰 장애가 있다. 차량기지 주변 1km 안에는 공동주택 2만7천 가구, 학교 13곳, 학생 1만3천 명이 있다. 수도권 차량기지 중 주거 밀집도가 가장 높다.

이 때문에 주민들의 오랜 숙원은 차량기지 이전이었다. 선거 때마다 모든 정치인의 단골 공약으로 등장했지만 현실의 벽은 높았다. 실현되지 않는 약속은 오히려 주민들을 지치게 했다. 나 역시 이 문제 해결을 공약했고, 취임 이후 가장 먼저 파고든 과제가 바로 이 일이었다. 핵심은 이전할 부지를 확보하는 일이었다. 많은 리더들이 이 과제에 도전했지만 누구도 현실적인 대안지를 찾지 못한 채 시간만 흘러갔다.

취임 직후 오세훈 서울시장과의 면담 자리에서 차량기지 이전에 관한 논의가 있었다. 오 시장은 차량기지 이전 부지를 못찾으면 프랑스 파리의 리브 고슈 사례처럼 복개 개발하는 방안을 제안했지만, 양천구민의 뜻이 신정차량기지의 완전 이전에 있기 때문에 "양천구가 나서서 직접 찾겠다"고 답했다. 복개를 하면 당장 소음과 도시 단절문제는 해결할 수 있다. 그러나 이미 차량기지 절반을 덮어서 임대아파트와 학교로 사용하고 있는데, 주거환경이 썩 좋지 못한 상황이다. 그 나머지도 비슷하게 만든다는 것은 바람직하지 않다고 생각했다. 목동아파트 단지와 바로 인접한 토지 가치를 볼 때, 차량기지 완전 이전 후 그곳에 제대로 된 도시계획이 필요하다고 판단했다.

그때부터 리브 고슈 사례를 철저히 분석했다. 리브 고슈는 파리의 도시 확장에 따라 차량기지와 기차 선로를 복개한 후 도시를 만든 지역이다. 개발면적이 약 250만㎡로 신정차량기지 면적 23만4000㎡보다 10배 이상 큰 규모였다. 1991~2020년까지 무려 30년간 단계적으로 개발되었다. 리브 고슈 사례는 도시 외곽에 새로운 뉴타운을 만든 것이지 신

차량바퀴의 불쾌한 소음뿐 아니라
주변의 주거환경이 단절되어
지역 커뮤니티 형성에 큰 장애가 있다.

함께 국토부 대광위 위원장과의 면담에서 설명했다.

'신정차량기지 이전 및 2호선 김포연장' 프로젝트는 국토부 대광위의 제5차 광역교통시행계획에 반영되어야 한다. 5년 단위의 계획이므로 이번에 반영되지 못하면 수년을 기다려야 한다. 물론 시행계획에 반영된다 해도 기재부 예타 통과, 설계, 착공, 완공까지 매우 긴 시간이 필요하다. 하지만 시행계획에 반영되지 못하면 출발조차 할 수 없다.

이 프로젝트는 차량기지 이전이라는 숙원 외에 또 하나의 절실한 과제가 있었다. 철도 사각지대인 신월동에 2호선 신월사거리역을 신설하는 일이다. 신월동은 서울의 최외곽에 있어서 도시철도의 혜택을 전혀 받지 못하고 있다. 지하철역이 한 개도 없는 서울의 몇 안 되는 지역이다. 그나마 희망을 걸었던 '목동선' 경전철이 기획재정부 예타의 벽을 넘지 못하자 실망감이 매우 컸다. 서울시와 목동선 대체 노선을 검토하는 이유도 경제성만으로 설명할 수 없는 주민들이 고통이 매우 크기 때문이다.

2호선 신정지선이 까치산역에서 김포로 연장되고 신월사거리를 지나는 지하철 역사가 만들어진다면, 주민들은 더 빠르고 편리하게 지하철 접근이 가능해진다. 즉 2호선 김포 연장은 신월1·3·5동 주민들에게 가장 필요한 노선이다. 아울러 착공단계에 있는 대장홍대선 신월역이 공수부대사거리에 들어서면, 신월1·3·5동은 철도 사각지대라는 오명에서 벗어날 수 있다.

목동MICE로 날개를 달자

갈산 정상에 오르는 길은 높진 않지만 가파른 경사가 있어서 계속 달리기에는 무리가 있다. 숨이 차오르면 잠시 걸으면서 체력을 비축하기도 한다. 정상에 올라 목동아파트 방향을 바라보면 목동운동장 일대가 희미하게 들어온다.

목동종합운동장과 목동유수지 일대는 양천구뿐 아니라 서울 서남권에서도 손꼽히는 대규모 알짜배기 땅이다. 십수 년 전부터 혁신밸리, 행복주택 등 개발 논의와 시도가 이어졌지만, 치수시설 개발의 보수적 접근과 지역 여론 등에 밀려 여전히 유휴부지로 남아 있다.

목동운동장(주경기장, 목동야구장) 일대는 노후되어 재정비가 필요한 상황이고, 목동유수지는 상부를 공영주차장으로만 사용하고 있어 복합개발을 통해 토지이용 가치를 높여야 할 곳이다. 지하철 5호선 오목교역과 안양천로 등이 인접해 교통 접근성이 뛰어남에도 판매·업무 기능이 부족하다는 지적과 함께 지역 활성화를 위한 개발 요구가 지속돼 왔다.

그래서 이 지역 개발계획에 골몰하며 '목동마이스(MICE; Meeting,

목동MICE 구상이 현실화되는 날
목동운동장과 유수지 일대는 서울 서남권의
랜드마크로 다시 태어난다.

Incentive, Convention, Exhibition)' 개발구상을 서울시에 제안했다. 그 결과 2023년 8월, 목동운동장과 유수지 일대가 서남권 거점 '신속추진대상' 사업에 선정됐다. 서울 서남권에는 마이스 시설이 없고 인천공항으로 가는 길목에 있으면서도 안양천과 인접해 있어서 서울시 수변개발계획과도 부합했다. 시설이나 아파트 단지만 짓는 것이 아닌 도시기반시설이 새롭게 탄생할 수 있는 전기가 마련된 것이다.

다만 마이스 시설을 유치하려면 넘어야 할 과제도 많다. 유수지 용량 유지 가능성에 대한 정밀검토가 필요하고 마이스 시설의 차별화 전략을 통해 공급 과잉 우려를 불식시켜야 한다.

목동유수지 개발은 오래전부터 수차례 시도됐으나 무산돼 왔다. 2013년에는 국토부가 행복주택 시범지구로 지정하며 1,300가구의 건설사업을 발표했지만 주민 반발로 결국 해제됐다. 2020년에는 혁신성장밸리 및 스포츠산업 클러스터 조성 계획이 추진되었으나 역시 실현되지 못했다. 이 외에도 문화예술공간, 생활체육시설 등 다양한 논의가 있었지만 실행되지 못한 아쉬운 땅이다.

이처럼 목동운동장과 유수지 일대는 양천구의 미래 먹거리를 창출할 수 있는 지역거점이어서 잠재력 면에서 매우 높은 가치가 있는 곳이다.

현재 서울 동남권은 잠실종합운동장 부지에 45만㎡ 규모의 '잠실

MICE' 건설이 진행 중이다. 목동운동장 일대에 '목동MICE'가 만들어지면 김포공항과 인천공항에서 가까운 서남권의 이점을 충분히 살려 경쟁력을 갖출 수 있다. 현재 서울시와 공동용역을 통해 구체적인 개발 구상이 진행 중이다. 지금까지는 그림만 그리고 무산되었지만 이제는 실행 가능한 프로젝트를 서울시와 함께 추진하자는 데 공감대를 이룬 것이다

프로젝트의 첫 번째 과제는 호텔과 컨벤션 기능을 갖춘 복합시설을 조성하는 것이다. 김포공항과 인천공항을 통해 서울로 들어오는 외국인 수요를 수용하고 체육·문화행사와 연계해 운동장 활용도를 높여야 한다.

두 번째 과제는 체육시설의 공간 재배치다. 축구장, 야구장, 아이스링크가 있는데, 이를 재배치하고 돔 구조를 도입해 소음 피해를 줄이면서 우천 시에도 다목적 활용이 가능하도록 계획해야 한다.

세 번째 과제는 유수지 기능을 유지하면서 일부 면적을 복합 개발하는 것이다. 수해 예방 기능은 강화하고 상부 공간이나 일부 면적에는 녹지공원과 주민 체육시설을 조성하는 방식이다.

이번 계획이 과거와 다른 점은 탁상공론을 피하고 실현 가능성에 집중하고 있다는 점이다. 서울시와 공동용역을 추진하고 단기와 중장기로 나눠 전략적으로 추진하는 구조다. 1단계로는 한마음공영주차장 부지를 호텔컨벤션으로 개발하고, 그 개발이익으로 유수지 상부를 공원으로 정

정차량기지처럼 주택가로 둘러쌓인 곳을 복개한 것은 아니었다. 그 면적 중에서 정작 차량기지 정비고는 노동자의 근로조건 문제로 덮개공사를 하지 않았다. 여러모로 양천구 상황에 그대로 적용하지 못할 사례였다.

그런 결론에 도달한 후 인근 지자체와 협의를 진행하기 시작했고, 김포시와의 협의에서 희망을 발견했다.

김포시는 급속한 인구 증가로 대중교통 확충 문제가 시급했다. 김포골드라인에서 과밀승차로 승객들이 호흡곤란을 호소하는 사건이 연일 발생했다. 양천구의 신정차량기지가 김포시로 이전해서 2호선이 연장되면 두 도시 문제가 해결될 것이라는 공감대가 형성되었다.

1년 8개월간 서울시, 국토부, 김포시와의 논의를 거쳐 2024년 3월 21일 '서울2호선 신정지선 김포시 연장을 위한 양천구-김포시 업무협약'을 체결했다. 그리고 곧바로 공동으로 사전타당성 조사 용역에 착수했다. 양천구의 숙원 과제가 풀리는 역사적인 순간이었다.

타당성 조사 결과, 종합타당성지수(AHP)가 0.9로 나온 대안을 서울시에 제출했다. 하지만 기획재정부 예비타당성 조사의 벽을 손쉽게 넘으려면 AHP가 1.0 이상으로 높아야 했다. 오세훈 서울시장에게 보고 후 서울시의 협조를 얻어 신정차량기지 이전부지에 대한 개발이익을 높이는 계획을 마련해서 1.05의 대안을 만들어냈다. 이 사업이 양 지자체의 공통 의지가 담긴 것임을 보여줄 필요가 있어서 그 결과를 김포시장과 비할 계획이다. 2단계로는 야구장을 아이스링크와 복합화하여 돔구장으로 조성하는 것인데, 현 아이스링크 부지를 개발해서 사업비를 충당할 계획이다.

이 구상이 현실화된다면 목동 일대는 서울 서남권 경제를 견인하는 명실상부한 랜드마크로 재탄생할 것이다.

홈플러스 위기를 빗겨 가다

2025년 3월 4일, 홈플러스가 기업회생 절차에 들어갔다는 보도를 접했다.

순간 가슴이 철렁 내려앉았다. 양천구에도 홈플러스 목동점이 있기 때문이다. 다행스럽게도 계약 관계를 깔끔히 정리한 직후였다. 홈플러스 목동점은 목1동 919-7번지, 목동아파트 중심상권 한가운데 자리하고 있다. 대지 면적만 10,578㎡, 여기에 바로 옆 공영주차장까지 합치면 총 19,172㎡에 달한다. 이곳은 단순한 유통시설을 넘어 양천의 미래산업과 도시계획의 방향을 담을 수 있는 전략적 요지이다.

이 유통시설과의 인연은 1999년으로 거슬러 올라간다. 당시 양천구는 프랑스계 대형마트 '까르푸'에 25년 장기임대를 허용했다. 쇼핑 인프라가 턱없이 부족했던 시기였기에 대규모 유통시설 유치는 당시로서는 하나의 '성과'였다. 그러나 2006년, 까르푸가 한국시장 철수와 함께 점포를 매각하면서 이 시설은 홈플러스로 간판을 바꿨다.

그런데 구청장이 된 직후 계약서와 그동안 오간 문서를 확인해보니 문제가 있어 보였다. 25년 장기임대 보장, 계속되는 임대료 변경, 계약 만료 시 '우선매입권 인정' 조항까지. 지금 기준으로 보면 과도한 특혜로 해석될 수 있는 조건들이었다.

내게도 예외없이 홈플러스 측은 적자가 지속되고 있다며 임대료를 더 낮춰달라고 요청해왔다. 이미 수차례 인하되어 개장 초 11.02%였던 대부요율은 2022년 기준으로 5.92%까지 떨어진 상황이었다. 임대료는 공시지가에 대부요율을 곱해서 산정하는데 대부요율을 줄이면 양천구 임대수입이 감소한다.

나는 단호하게 거절했다. 임대료가 은행 예금금리도 안 되는 수준에서 더 낮춘다는 건 행정의 책무를 저버리는 일이었다. 계약 연장도 언급했다.

나는 분명히 말했다.

"25년 초장기 계약이 종료되면 이 부지는 양천구의 미래를 위한 전략적 자산이 될 것입니다."

그 언급 이후 내 휴대전화로 홈플러스와의 재계약을 해주지 않은 것에 항의하는 문자 폭탄이 쏟아졌다. 대부분 홈플러스 입점업체와 종사자들의 민원이었고 구구절절한 사연이 많았다. 마음이 흔들렸지만 원칙을 지켜야 했다. 그래서 홈플러스 본사에 입점업체 보상과 정리를 명확히 책임질 것을 강하게 요구했다.

또 다른 쟁점은 '원상복구' 문제였다. 홈플러스 측은 토지반납 시간이 촉박하니 건물을 철거하지 않고 현금으로 보상하겠다고 했다. 고민 끝에 지상층은 안전철거, 지하층은 현금 납부로 결정했다. 지하까지 완전 철거하려면 토사를 실은 덤프트럭이 수도 없이 오가야 하고, 향후 개발 시 다시 땅을 파내야 하는 비효율이 생기기 때문이었다. 환경과 안전, 자원의 낭비를 막기 위한 결정이었다.

공사비 검증을 거쳐 지하 복구비 153억 원을 확정했고, 2월 17일에 전액을 받았다. 그런데 입금이 완료되어 계약이 종료된 불과 2주 후인 3월 4일, 홈플러스의 기업회생 신청 보도가 터졌다. 아찔했다. 조금만 늦었더라면 양천구는 만성적자에 시달리는 대형 쇼핑몰, 불안정한 140개 입점업체, 개발계획 중단이라는 세 가지 위기를 동시에 떠안을 뻔했다.

이제 이 토지는 '공유재산법'에 따라 공공매각 절차를 밟게 된다. 현재 '업무시설', '방송통신시설', '교육연구시설', '관광숙박시설' 용도로 지정되어 있고, 기업설명회를 통해 우량 기업 유치를 추진하고 있다.

토지의 용도가 제한적임에도 불구하고, 우리는 감정평가 결과보다 높은 5천억 원 이상을 기대하고 있다. 이 매각대금은 재정의 여윳돈으로 쓰여서는 안 된다. 노후된 공공인프라를 새롭게 바꾸고 양천의 100년 미래를 설계할 종잣돈이 되어야 한다. 아파트는 재건축되는데 공공인프라는 40년 전 낡은 시설 그대로 둘 수 없기 때문이다.

그래서 이 재원을 허투루 쓰지 않기 위해 '기금'으로 적립해 놓을 계획이다. 이를 위해 「공공청사 건립기금 설치 및 운영 조례안」을 별도로 만들었다. 이 기금은 양천의 내일을 위해, 미래의 행정을 위해 남기는 약속이다.

산을 넘으면 또 산이 있다

갈산 정상에서 향림사 방향으로 내려오면 도심을 만난다. 목동아파트 11단지 코너에서 운 좋게 횡단보도 적색 신호등을 만나면 잠시 쉬어갈 찬스가 온다. 1~2분의 휴식이 감사하다. 뭉친 다리 근육을 주무르고 얼른 주머니에서 에너지 젤 하나를 꺼내 입에 문다. 장거리 달리기에서 에너지 보충은 필수다. 완전히 방전되지 않도록 적절한 시점에 에너지를 보충해야 한다. 일정 거리마다 에너지 젤을 먹으면 마치 내 몸이 주유되는 차량 같아 인간이나 기계나 비슷하다는 생각에 헛웃음이 나곤 한다.

계남공원 입구를 바라보며 숨을 한번 고른다. 이제부터 진짜 산길 코스다. 갈산은 산지코스에 끼워 넣은 맛보기 같은 구간이다. 신정산을 지나 양천고등학교까지는 쉬지 않고 달려야 한다. 산이 낮다고 만만하게 보면 안 된다. 낮은 산은 뛰어 오르고, 높은 산은 걸어 오르니 힘든 건 매한가지다.

인생을 등산이나 마라톤에 비유하는 이유는 기본적으로 오르막과 내리막이 있기 때문일 것이다. 그리고 긴 시간에 걸쳐 다양한 난관을 거치는 점도 비슷하다. 백 사람을 만나면 백 가지 사연이 있듯 사람마다 업다운의 인생 스토리가 있다. 나 역시 평범하지 않은 험난한 시기를 겪어왔다.

나는 대학교 입학 전까지는 평범한 소년이었다. 집과 학교만 착실히 다니던 소심한 아이였고, 인생의 큰 목표도 없이 또래들이 하는 공부를 따라하는 정도였다.

그러다 1986년, 대학에 입학하면서 사회에 눈을 뜨게 된다. 대학에서 본 세상은 교과서 속 세상과는 전혀 달랐다. 전두환 군사정권 시절이었기에 학교 앞에서 전경들에게 가방 속을 보여주고서야 교문에 들어설 수 있었다. 빈 강의실을 옮겨 다니며 숨어서 독서토론 하던 시절이었다. 1987년 6월 민주화운동 당시 대학 2학년이었는데, 가장 전면에서 싸워야 했던 학번이었고 치열하게 활동했다.

학생운동에도 깊이 차이가 있었다. 잠깐 참여했다 군 복무 하러 가는 학생들도 많았지만 나는 7년 동안 몰입했다. 처음에는 군사독재반대 운동이었지만 대안을 찾다가 좌파 이념에 빠져들었다. 지금 생각하면 한심스럽고 그때 무슨 짓을 했는지 반성도 되지만, 당시에는 나라와 국민을 위한 길이라고 믿었다.

그 시절을 떠올리면 지금도 가슴 한구석이 아려온다. 조직 사건이 터지고 후배들이 줄줄이 검거되던 그때, 나는 더 이상 집에 머물 수 없었다. 그렇게 집을 나와 경찰을 피해다니며 활동을 이어갔다. 추위나 배고픔은 참을 수 있었다. 하지만 부모님 생각만 하면 견디기 어려웠다.

자식을 어렵게 대학까지 보내며 한시름 놓으셨을 텐데 그 믿음 위에 덧씌워진 것은 걱정과 고통뿐이었다. 경찰은 수시로 들이닥쳤고, 집 앞에는 늘 잠복 중인 형사들이 있었다. 부모님은 문 앞 발자국 소리에 놀라고, 벨소리만 울려도 가슴이 철렁하셨다고 한다. 나는 부모님께 큰 죄인이 되었다. 내가 선택한 길이 누군가의 삶을 이렇게 무겁게 만들고 있다는 사실이 뼈아프게 다가왔다.

소련과 동유럽의 사회주의 국가들이 무너지던 시기, 나도 스스로를 돌아보게 되었다. 내가 몸담았던 조직은 '민중민주파(PD)' 계열이었고, 우리는 러시아 혁명의 모델에 희망을 걸었었다. 그러나 그 환상이 붕괴되자, 조직은 급속히 해체되었고 나 역시 깊은 사상적 회의에 빠졌다. 반면 '민족해방파(NL)'는 북한의 주체사상을 신봉했기에 상당 기간 조직을 유지할 수 있었지만, 그들 또한 세상의 변화를 피해가진 못했다.

지금 돌아보면 그 시절의 투쟁이 모두 헛되었다고는 생각하지 않는다. 군사정권이라는 억압적 구조 속에서 민주주의의 싹을 틔운 것은 분명 우리 세대의 치열한 고민과 실천 덕분이었다. 그러나 그 이면을 직시하는 일 또한 필요하다. 민주화운동의 구심점이 되었던 많은 조직들이 좌파적, 혹은 급진적 사상을 받아들였던 것도 분명한 사실이다.

보수 진영의 정치인들 중 다수는 과거의 사상적 오류를 인정하고 전향을 선언했다. 반면 진보 진영, 특히 주체사상과 같은 이념을 받아들였던 이들 가운데는 자신의 과거를 솔직히 성찰하는 모습을 찾기 어렵다. 물론 그 시절은 누구에게나 열정과 혼란이 교차하던 시간이었다. 그렇기에 더욱 냉정하고 깊은 자기 평가가 필요하다.

이념은 결코 절대적 진리가 아니다. 시대의 흐름 속에서 실험되고 검증되며 때로는 폐기되기도 하는 것이다. 그 과정을 외면하지 않고 정직하게 받아들이는 태도야말로 민주주의를 더 성숙하게 만든다. 우리가 걸어온 길 위에 남겨진 진짜 책임은 그 무게를 피하지 않는 것이다. 역사의 물음 앞에 겸허히 서는 용기, 그것이 진짜 민주주의가 숨쉬는 토대를 만든다.

물론 이제는 오래된 과거이니 덮고 갈 수도 있다. 그러나 사상은 단순한 기억이 아니라 철학이자 세계관이다. 모든 관점과 판단의 뿌리가 거기서 비롯된다. 철학에 대한 재정리 없이 새로운 시대를 말할 수 없다. 정리되지 않은 과거는 언젠가 다시 얼굴을 드러내기 마련이기 때문이다.

다행히 1992년, 김영삼 문민정부가 출범하면서 수배가 해제되었고, 운동권 학생들에 대한 대대적인 복적 조치가 이뤄졌다. 덕분에 나도 무사히 학사 과정을 마칠 수 있었다.

당시 한국 경제는 고도성장기에 접어들어 있었고, 일자리는 넘칠 만큼 많았다. 특히 공과대학 졸업생이라면 기사 자격증 하나만으로도 웬만한 기업에 어렵지 않게 취직할 수 있었다. 나 역시 건설회사에 입사해 12년 동안 평범한 직장인으로 살았다.

청년 시절에 사회를 위해 충분히 헌신했다고 생각했기에 '앞으로는 더 이상 앞장서지 않겠다'는 다짐을 했다. 이제는 일상의 안정과 작은 행복을 소중히 여기며 살아가고 싶었다.

그러던 중 노무현 정부가 들어섰다. 운동권 출신들이 대거 정치권에 진출하며 제2의 기회를 얻는 시기였다. 하지만 나에게는 오히려 악재처럼 다가왔다. 서울 고속버스터미널 7호선 지하철공사를 준공하고 전남 장흥에서 도로 공사를 진행하던 시기였다. 하루가 다르게 서울 집값이 오르고 있었다. 정부의 섣부른 정책발표는 집값을 올리는 불쏘시개였다. 일을 마치고 서울로 다시 가야 하는데 주택 마련이 불가능한 상황이 돼버렸다.

나는 분노했다. 정치를 이렇게 하면 안 되는 거 아닌가. 공급을 늘려야 할 시기에 규제로 수요억제 정책만 남발하는 것은 집값을 잡는 해법이 아니었다. 건설 분야의 식견을 가진 사람으로서 또 서민의 눈높이에서 봤을 때 이건 도저히 이해할 수 없는 정치였다.

행정수도 이전과 공기업 지방 이전정책도 한심하기 짝이 없었다. 행정의 비효율, 공기업의 질적 하락이 초래되고, 결국 국가경쟁력을 약화시킬 것이 뻔했다.

설마 실제로 실행하겠냐는 생각도 들었지만 2004년 헌법재판소의 위헌 판결에도 불구하고 이들은 법을 일부 개정해 '행정중심복합도시'라는 이름으로 정책을 변형해 강행했다. 그런 모습을 보며, 이들이 저지른 정책은 되돌릴 수도 없고 나중에 후회해도 손쓸 수 없는 상황에 빠질 국가의 미래가 암담하게 느껴졌다.

좌파의 방식은 힘을 모아 효율을 높이기보다 쪼개고 나누며 흩어버리는 방향으로 작동한다. 그런 방식은 평등이라는 이름으로 포장되지만 결국은 하향 평준화로 귀결될 뿐이다.

현실 정치에 대한 여러 문제의식으로 번민하던 중 원희룡 국회의원 측으로부터 보좌관 제의를 받았다.

진보 정치에 대한 부정은 있었지만 곧장 보수정당에 몸 담을 생각은 없었다. 그러나 원희룡이라는 사람은 무언가 달랐다. 학생운동과 노동운동을 했던 그는 당시 한나라당 소속이었고, 당내 개혁파로 불리던 '남원정'의 일원이었다. 보수정당 안에서 기득권을 개혁하고 약자를 일으켜 세우겠다는 그의 철학에 마음이 끌렸다.

그를 직접 만나보았다. 제주가 낳은 천재, 학력고사 전국 수석, 서울대 수석, 사법고시 수석. 화려한 이력도 인상적이었지만 나를 사로잡은 건 그의 말 속에 깃든 진심이었다. 약자를 위한 정치, 눈물을 닦아주는 나라, 개혁적 보수의 이름으로 새로운 대한민국을 만들고 싶다는 꿈. 나도 그 길에 함께 서고 싶었다.

하지만 평범한 일상을 접고 정치판에 들어선다는 건 큰 결심이 필요했다. 기술사 자격까지 취득해 자리를 잡았고, 가장으로서 책임도 무거웠다. 주변의 만류가 이어졌지만 아내가 등을 밀어주었다. 세상에 분개하며 잠 못 이루는 내 모습을 지켜본 아내는 실패해도 후회하지 않도록 마음이 끌리는 길을 택하라고 말했다.

2007년 1월이었다. 오랜 시간 외면했던 하나님을 다시 찾고 기도한 지 일주일 후에 받은 제안이었다. 마음속 깊은 곳에서 응답처럼 느껴졌다. 그렇게 나는 다시 정치의 길로 들어섰고 원희룡 의원의 지역구였던 양천구와의 인연도 그때부터 시작되었다.

18년 전의 일이지만 어제 일처럼 또렷하다. 내 인생의 또 한 번의 전환점이었다. 평범했던 일상을 벗고 다시 치열한 삶으로 들어섰던 그 시절의 장면들이 지금도 생생하다.

세월의 그림자 그리고 새로운 기회

신정산 정상까지 쉬지 않고 달리다 보니 숨이 턱밑까지 차올랐다. 이제부터는 편한 내리막이다. 양천고등학교까지 가는 길, 마음을 놓아서는 안 된다. 자칫 방심하면 구로구로 들어갈 수 있다. 갈래길이 많아 양천시티런이 정규코스가 되려면 표지판 보완이 필요하다. 내리막이라고 속도를 내다가는 다리에 힘이 풀려 다치기 십상이다. 땅 위로 솟은 나무뿌리를 잘 보고 디뎌야 한다. 인생도 마찬가지다. 편하다고 방심하면 미끄러지기 쉽고, 길을 잘못 들면 시간을 허비하게 된다.

양천고등학교 앞 사거리는 서부트럭터미널이 있는 곳이다. 남부순환로와 신정로가 교차하고, 양천구·구로구·부천시가 만나는 교통의 요지다. 예전에는 제법 번성했지만 도시가 팽창하면서 터미널은 점차 애물단지로 전락했다. 시대에 맞는 물류기지로 변모해야만 생존할 수 있는 상황이 됐다.

도시는 사람의 삶을 풍요롭게 하기 위한 시스템이다. 시대, 가치관, 생활양식이 변할수록 기반시설은 이에 맞춰 바뀌어야 한다. 기존 시설은 리모델링하고 변화가 삶으로 자연스럽게 스며들 수 있도록 재배치해야 한다.

서부트럭터미널은 오랜 세월 제자리를 지켜왔지만 서울시의 인구 증가와 함께 공간의 역할은 흐트러졌다. 자투리땅에 뭐라도 지으려다 보니 도시는 빽빽해졌고 주변엔 푸른마을·동일하이빌·현대6차·수정·학마을 아파트 단지와 학교들이 밀집해 공존한다. 그러다 보니 먼지와 소음, 미관 문제 등으로 트럭터미널은 점차 기피시설이 되었다.

공존에 따른 불편을 줄이려 해도 옮길 곳도 마땅치 않고 규제·인허가·비용 문제로 리모델링조차 어렵다. 그런 상황에서 도시 내 노후 물류시설을 재정비하는 '도시첨단물류단지' 제도가 도입됐다. IT기술, 온라인 시장의 확산, 소비행태 변화에 대응하고 일자리를 창출하는 동시에 도시의 물류시설을 리모델링하기 위한 제도다.

2016년 국토부는 양천 서부트럭터미널을 시범단지로 선정했지만 도시계획법 적용으로 4년간 답보 상태였다. 2021년 오세훈 서울시장이 물류정책과를 신설하면서 사업이 다시 추진되었고, 2022년 구청장이 된 후 사업계획 승인을 전국 최초로 받아냈다.

서부트럭터미널은 곧 도시형 첨단물류단지로 탈바꿈한다. 총 연면적 76만㎡ 규모에 지하 7층~지상 15층 물류시설, 쇼핑센터, 오피스텔, 신정체육센터 등이 들어서고, 북측엔 공동주택과 근린생활시설이 조성된다. 하남스타필드의 1.7배에 달하는 규모다. 양천구는 600억 원 상당의 기부채납을 받아서 신정체육센터를 조성할 계획이다.

전임 구청장시절 1,200석 규모의 공연장을 기부채납 받는 것으로 검토되었으나 인근 지역에 대형 공연장이 이미 조성됐거나 예정되어 있어 주민편의시설로 방향을 바꿨다. 대규모 공연장을 설치했을 때 적자운영이 뻔히 예상되는 입지이기 때문이다. 주민을 위해 수영장, 볼링장, 실내 테니스장 등을 갖춘 신정체육센터를 건립하는 것이 훨씬 유익하다고 판단했다.

도시의 금싸라기 땅에 있던 물류시설들이 개발 규제와 비용 탓에 방치됐지만 서부트럭터미널은 이제 새로운 모습으로 재탄생한다. 기피시설이었던 물류단지가 지역의 자랑이 될 수 있는 가능성이 열린 것이다.

이제는 곧 착공을 눈앞에 두고 있다. 변화된 소비시장에 부응하지 못한다면 아쉬움으로 남겠지만 제대로 된 방향으로 나아간다면 대성공이 될 것이다.

거의 모든 사람들이 택배를 이용한다. 빠르고 정교한 배송서비스는 새로운 필수요건이다. 하지만 도시 내 물류시설은 부족하고 신규 건립은 부지확보가 어려운 상황이다.

도시물류시설은 대형화물차 운행을 줄여 교통혼잡과 환경오염을 줄이고 배송시간을 단축해 서비스 품질을 높이는 장점이 있다. 교통량 증

전국 최초의 사례로 주목받고 있는
서부트럭터미널 개발사업은
미래형 복합물류시설의
새로운 모델로 태어날 것이다.

가 우려는 있지만 주로 새벽이나 야간에 운행되어 일반 교통에 미치는 영향은 적다. 다만 주변 편의시설 이용으로 생길 수 있는 교통 혼잡에 대비해 정교한 대책이 필요하다.

현실적으로 알짜 입지에 물류센터를 짓기 어려운 상황에서 도시첨단 물류단지의 성공은 경제성과 함께 사회적 의미를 지닌다. 전국 최초의 사례로 주목받고 있는 이 사업은 기피시설의 변신, 그리고 미래형 복합 기반시설의 모델로 태어날 것이다. 첨단기술을 입은 물류서비스, 공공과 민간이 함께 누릴 수 있는 복합공간이 만들어진다면 양천의 또 하나의 큰 날개가 될 것이다.

변방이 될 것인가, 중심이 될 것인가

　서부트럭터미널 사거리. 북쪽은 신월동, 동쪽은 목동, 서쪽은 부천시, 남쪽은 구로구와 맞닿아 있다. 이 사거리가 변방인지 중심인지의 여부는 결국 '활성화'에 달려 있다. 목동선 경전철 역시 이곳을 관통하도록 'L'자형 노선으로 설계되었다. 신월동에서 출발해 이곳에서 꺾여 목동아파트 단지를 지나 2호선 당산역까지 연결되는 노선이다.

　철도는 가장 안정적인 대중교통 수단이고 도시 활성화에 필요한 핵심 인프라다. 지하철역 하나가 사람을 모으고 생활권을 만든다. 양천구민의 생활 동선은 강남 방향이거나 서울 남부권으로 향한다. 그런 흐름을 고려하면 신월동에서 시작해 목동을 거쳐 당산역에 이르는 목동선 건설은 반드시 필요하다. 인구 증가와 맞물린 도시철도망 구축이 절실한 이유다.

　그러나 목동선은 기획재정부 예비타당성 조사의 문턱을 넘지 못하고 좌초됐다. 경제성이 부족하다는 이유로 이미 오래 전부터 기재부와 KDI(한국개발연구원)에서 결론을 내리고 있었지만 지역 여론을 의식해 발표를 미뤄왔다. 구청장의 권한은 한계가 있지만 역할은 무한하다는 각

오로 부딪혔다. 하지만 이미 방향이 정해진 뒤였다.

우리나라의 예타 제도는 도시 확장의 변화를 반영하지 못한다. 사업 시행 인가 이후의 인구 변화만 반영하기 때문에 목동 재건축이나 신월동 재개발, 서부트럭터미널 개발 같은 큰 변화조차도 경제성 평가에 포함되지 않는다. 신도시가 계획되어도 교통 대책은 따라가지 못하는 구조다. 집을 먼저 짓고 교통시설은 나중에 구축하는 전형적인 '거꾸로 정책'이 반복되고 있는 셈이다.

2022년 7월, 취임 당시 이미 목동선의 경제성 부족은 널리 알려져 있었다. 서울시와 협력해 다양한 보완책을 마련했지만 '경제성'이라는 단단한 벽 앞에서 번번이 가로막혔다. 지금은 다시 서울시와 함께 재도전에 나서고 있다. 노선을 조정할지, 사업 시기를 조절할지, 방식 자체를 바꿔야 할지 등 복합적인 방안을 검토 중이다. 관건은 여전히 경제성이다. 서울시에서는 노선 조정 필요성을 제기할 가능성이 있다. 현재의 'L' 자형 노선은 신월동의 교통난 해소를 위한 설계지만 경제적 효율만 보면 불리하다. 그러나 신월동 주민들은 이미 20년 가까이 지하철 개통을 기다려왔다. 단순히 경제성 논리로 노선을 뒤집는 것은 정치적으로도 도의적으로도 용납하기 어렵다.

희망적인 건 과거와 달리 목동 재건축이 본격화되면서 민간 자본이

관심을 갖기 시작했다는 점이다. 철도 설계 및 시공업계에서도 대안 노선을 자체적으로 제안하며 움직이기 시작했다. 이는 정책 추진의 새 동력이다.

예비타당성 조사는 국가재정을 효율적으로 쓰기 위해 도입된 제도다. 총사업비 500억 원 이상, 재정지원이 300억 원 이상인 경우 기획재정부가 KDI를 통해 타당성을 검토한다. 문제는 그 기준이 서울 외곽과 수도권 변두리의 교통 현실을 전혀 반영하지 못한다는 점이다.

13조 원이 넘는 예산을 들이며 막대한 적자가 예상되는 가덕도 신공항에는 예비타당성 조사조차 면제한 채 사업을 밀어붙이면서 두 량짜리 서민 경전철에는 끝까지 경제성을 따져가며 발목을 잡는 현실. 지방은 지역균형발전 점수를 받지만 서울과 수도권은 그 점수조차 없다. 강남구와 양천구는 상황이 전혀 다르지만 동일한 기준으로 평가된다.

결과적으로 서울 외곽과 수도권 외곽의 도시들은 예타를 통과하기가 하늘의 별 따기다. 예타 제도는 단순히 수도권과 비수도권으로 나눌 게 아니라 수도권 내에서도 교통 인프라 사각지대를 별도로 분류해 평가해야 한다. 그게 공정한 방식이다.

교통은 단순한 편의의 문제가 아니다. 일상의 기반이며 삶의 질과 직결된다. 학교, 직장, 병원, 쇼핑, 모두 이동이 전제되어야 가능한 일들이다. 그런데 단지 '사는 지역이 다르다'라는 이유만으로 불편과 차별을 감수해야 한다면, 그것은 불공정하다.

양천구, 특히 신월동은 그야말로 '지하철 불모지'다. 서울시에서도 이 문제를 인식하고 경전철 같은 대안을 검토한 것이지만, 여전히 경제성 논리에 막혀버렸다. 교통은 복지다. 인구가 적은 섬마을에 전기와 교량을 연결하는 것, 오지마을에 학교와 병원을 지어주는 것은 당연하게 여기면서 서울 외곽의 서민 주거지역에 도시철도 인프라를 깔아주는 일은 왜 이렇게 과도하게 경제성만을 따지는가.

경전철은 거대한 지하철망이 아니라 도시의 실핏줄이다. 교통의 공백을 메워주는 공공적 수단이다. 서민들의 발이 되어줄 이런 교통 인프라는 복지로 접근해야 한다. 교통복지라는 이름으로 충분히 공적 재원을 투입할 이유가 있는 것이다.

양천구의 경전철은 단순히 도시 철도 하나를 놓는 일이 아니다. 그동안 소외된 지역을 중심으로 끌어올리는 일이며, 도시 전체의 균형을 회복하는 일이다.

언덕은 반드시 끝이 있다

매봉산을 돌아 지양산으로 내달린다. 벌써 언덕을 몇 개 넘었다. 산길 코스 중에서 산을 달리는 진짜 맛을 이 구간에서 느낀다. 언덕을 마주하면 망설여진다. 뛰어서 오를 것인지, 걸어서 오를 것인지. 뛰어보자 마음먹지만 '다음을 위해서'라며 몸을 사리게 된다. 쉼이 없는 마라톤에서도 언덕길을 만나면 오만 생각이 다 든다. 특히 후반부에 있는 언덕 코스는 러너에겐 고행길이다.

동아마라톤은 서울 시내를 달리기 때문에 높은 언덕이 거의 없지만 춘천마라톤은 춘천댐을 오르는 길고 높은 언덕이 있다. 이곳에서 많은 러너들이 달리기를 포기하고 좀비처럼 걷는 모습을 본다. 아마추어들이 언덕을 넘기 위해서는 요령이 필요하다. 우선 보폭을 줄여야 한다. 자세를 앞으로 약간 숙인 후 팔치기 동력을 최대한 활용해야 한다. 발보다는 팔을 앞뒤로 움직이는 팔치기로 언덕을 오른다는 느낌을 갖는 게 좋다. 속도에 대한 욕심을 줄이고 한 발 한 발 내딛다 보면 어느새 언덕의 정상에 오른다.

아무리 긴 언덕도 높은 언덕도 반드시 끝이 있다. 멈추지 않고 올랐을 때 찾아오는 짜릿한 전율이 있다. 언덕은 반드시 내리막길로 보답해준다. 신나고 경쾌하게 내리막길에서 몸을 풀며 달린다.

양천의 미래를 위한 목동운동장 일대 개발, 신정차량기지 이전, 서부트럭터미널 개발, 경전철 목동선 건설 같은 큰 그림은 길고 높은 언덕이다. 그 숙원과제라는 오르막에서 과한 욕심을 내려놓아야 하고 보폭 줄이기와 팔치기에 해당하는 기술과 역량으로 어려움을 슬기롭게 극복해야 한다.

오르막에서 욕심을 내는 순간 길바닥에 퍼지는 것처럼 역량에 맞지 않거나 분에 넘치는 성과를 기대하는 걸 경계해야 한다. 조급하게 작은 성과에 급급해서는 끝까지 뛰기 어렵다.

마라톤 전체 구간에서 오르막 코스를 잘 뛰는 게 매우 중요한 것처럼 양천구 100년 미래를 내다보면 숙원과제 해결이 무엇보다 중요하다. 이 난제를 풀어야 오르막 정상에 오른 후 내리막길과 평지를 내달리며 결승점에 도착할 수 있다.

아직은 양천구 스스로 숙원 과제를 해결할 수 있는 힘이 부족하다. 경기도와 달리 서울의 구청장에게는 도시계획의 주요 인허가권이 없다. 권한이 있어도 해결이 쉽지 않은 일인데, 권한마저 없으니 마라톤 정신으로 무장해서 끝까지 뛰는 방법밖에 없다.

때론 포기하고 싶을 때 멈추고 싶을 때가 있다면 '언덕은 반드시 끝이 있다'는 믿음으로 달려야 한다. 그런 믿음이 결승점을 향해 한 발짝씩 힘을 보태 목표에 이르게 할 것이다.

한계를 뛰어넘는 도전이 있어야 발전이 있다. 대부분 한계상황에서 멈추고 만다. 달려보지 못한 거리, 뛰어보지 않은 속도를 넘는 일은 도전이다. 부상의 위험을 감수하고 자신의 한계를 넘는 도전없이 성장은 없다.

경전철 건설은 교통복지다

내일신문 2022년 11월 7일 월요일

opinion 오피니언 23

기고

경전철 건설은 교통복지다

신월부터 당산까지 이어지는 서울 경전철 목동선이 구체화된 것은 2008년 '제1차 서울시 10개년 도시철도 기본계획'에 목동선 등 경전철 7개 노선이 포함되면서다. 당시 서울시는 도시철도 건설이 필요하다며 교통수요와 경제성을 고려해 목동선 도입 필요성을 밝혔다.

이후 기본계획을 변경하거나 민자사업에서 재정사업으로 변경되는 과정을 거치면서 2020년 '제2차 서울시 도시철도망 구축계획'에 목동선과 강북횡단선(목동~청량리) 사업이 승인 고시됐다. 12여 년 만에 예비타당성 조사가 추진된 것이다.

하지만 최근 오세훈 서울시장이 시정연설에서 "경전철이 점차 적자일 가능성이 높아져서 속도를 내서 진행하는 게 바람직한지 근본적인 고민"이라고 밝혔다. 경전철을 추진하지 않겠다는 것은 아니라고 덧붙였지만 경전철의 경제타당성 여부가 부각된 것이다.

경전철 건설을 경제성 중심으로 판단하는 것은 교통사각지대의 인프라 확충을 포기했다는 것으로 인식될 수 있다.

경제성보다 교통 사각지대 없애야

서울시는 14여 년 전 도시철도망 구축계획에서 경전철 목동선의 필요성에 대해 "대중교통수단인 도시철도 서비스 혜택으로부터 상대적으로 소외된 지역이 존재하며 이 지역 주민들에 대하여도 동등한 대중교통 이용 혜택을 제공할 의무가 있다"고 이미 '교통복지'의 중요성을 밝혔다.

9호선으로 지하철망을 마무리하고, 경전철을 통해 도시의 실핏줄을 연결하겠다고 발표한 순간, 경제성보다는 교통 사각지대를 없애겠다고 선언한 셈이다.

특히 양천구 신월동 지역은 25개 자치구 426개 행정동 가운데 지하철역이 없어 '교통 인프라 확충 필요'라는 전문적인 표현을 하기에도 무색할 정도로 대중교통 불모지다. 지하철역이 없는 신월동 일대 인구는 매년 크게 감소하고 있다. 지하철과 같은 교통수단의 부재가 지역을 떠나게 하는 요소로 작용한 것이다.

주민들은 출퇴근을 위해 마을버스를 타고 지하철로, 그리고 여러번 환승을 통해 목적지에 도달할 수 있다. 대중교통 이용에 불편함을 느끼는 주민들의 타 지역 이동 증가로 양천구의 경전철 목동선은 반드시 필요한 복지수단으로 인식함이 타당하다.

또한 경전철 목동선은 지역균형 발전을 위해 반드시 필요하다. 목동선에 포함된 노선 구간이 논의된 시점을 조금 더 거슬러 올라간다면 2000년 서울시 교통정비 중기계획이 발표되면서다. 여기에는 지금의 신분당선과 목동선 노선이 포함되었다.

신분당선 노선의 경우에는 단축과 변경이 이루어져 개통이 된 반면, 목동선 노선은 지금까지 멈춰있다. 우여곡절을 겪었지만 짧게는 12년, 길게는 20여 년 가까이 도시철도망 계획에 목동 노선 구간이 반드시 포함되는 것에 이견이 없었다는 의미다. 철도의 건설은 다른 교통수단, 특히 버스와 비교할 때 지역 발전효과, 환경개선 효과 등 교통편의 제공 이상의 편익을 가진다.

지역균형발전 위해서도 필요

경전철 목동선 추진을 더 이상 망설이지 말고 조속히 추진해야 한다. 구민들에게 복지는 행복한 삶을 누리는 것이다. 이를 위해 국가가 세금으로 주거와 의료, 교육과 기초생계 복지를 제공해준다. 구민의 안전과 편리를 위한 '적극 행정' '혁신 행정'은 말이 아닌 실천에서 이루어진다.

한 단계 더 성장하려면
한 단계 위의 속도에
몸을 맡겨봐야 한다.
좋은 기록은 장비가 아닌
리듬이 만든다.
그리고 그 리듬은
자신에 대한 믿음에서 나온다.

3부 | 고통을 줄이고 아픔을 나누기

산길코스 _ 2

양천시티런
산길코스 _ 2

지양산 능선을 달리다 보면
멀리서 들려오던 비행기 소리가
어느새 내 옆을 스쳐 지나간다.

거리 약 5km
시작 매봉산 입구(서부트럭터미널 사거리)
도착 지양마을(능골보도육교)

한 단계 올라가기 위해 필요한 것

달리기를 취미로 삼을 때 필요한 장비는 많지 않다. 운동화 한 켤레면 충분하다. 나 역시 그렇게 시작했다. 아무 운동화나 신고 안양천을 달렸다. 하지만 취미가 깊어지고 삶의 일부가 되자 나도 모르게 장비의 도움을 받게 되었다.

처음엔 신발 한 켤레뿐이었다. 그러나 러닝에 진심이 되어갈수록 다양한 러닝화를 하나둘씩 경험하게 된다. 이렇게나 많은 종류의 운동화가 있었나, 새삼 놀라울 따름이다.

마라톤 입문자들에게 흔히 말하는 러닝화의 3단계가 있다. 안정화, 쿠션화, 대회화. 각각의 특성과 용도가 분명하다.

안정화는 발목의 내회전이나 외회전을 잡아주는 데 효과적이라 초보자에게 적합하다. 가격도 상대적으로 저렴해서 부담 없이 시작하기 좋다. 다만 무겁고 10km 이상 달리면 쿠션이 무너지는 느낌이 들어 장거리용으로는 한계가 있다.

쿠션화는 충격 흡수력이 좋아 중·장거리 러닝에 적합하지만 좌우 흔들림

이 크기 때문에 발목 컨트롤이 약한 초보자들에게는 부상의 위험이 있다.

대회화는 브랜드마다 최고의 기술력을 담아 출시하는 최상위 모델이다. 요즘은 카본 플레이트가 들어간 이른바 '카본화'가 대세다. 반발력이 뛰어나 최고의 퍼포먼스를 만들어낸다. 각 브랜드는 세계 메이저 마라톤 대회 때마다 유명 마라토너에게 자사 제품을 신겨 광고 전쟁을 벌인다. 일반 아마추어 러너라도 그런 광고를 보면 마음이 흔들릴 수밖에 없다.

가격은 30만 원 후반까지 올라간다. 문제는 내구성이다. 대부분 600km 정도가 표준인데, 나는 바닥 마모 부위에 고무를 덧대어 1,000km 정도는 사용한다. 그래도 대회 한 번 준비하면 신발을 새로 사야 하니 비용이 만만치 않다.

지금은 세 켤레를 바꿔 가며 신는다. 조깅할 땐 안정화를, 포인트 훈련 땐 오래된 대회화를, 그리고 진짜 대회에는 소중히 간직해둔 대회화를 꺼낸다. 대회가 끝나면 그 신발은 다시 훈련화로 이용한다. 오래 뛸수록 운동화의 소중함을 알게 된다.

사람의 얼굴이 다 다르듯 족상도 다양하다. 발볼이 좁거나 넓고, 길거나 도톰하고, 발등이 높거나 낮다. 그래서 여러 브랜드 제품을 직접 신어보며 자신에게 꼭 맞는 신발을 찾아야 한다.

신발은 두 치수 정도 크게 신는 것이 좋다. 한 치수만 크게 신었다가 발톱이 죽거나 빠지는 경험이 있는 한 사람은 절대 딱 맞는 신발을 고르지 않는다. 나도 발톱이 빠지는 고통을 경험하고야 깨달았다.

마라토너에게 시계는 거의 필수품이다. 많은 러너들이 가민(Garmin) 시계를 선호하는데, GPS 정확도와 러닝 특화 기능 덕분이다. 사용하는 방식도 다양하다. 단순히 시간만 체크하는 이도 있고, 수면 데이터까지 측정하면서 디지털 기능을 최대한 활용하는 이도 있다.

나는 러닝과 트랙러닝 기능을 활용하며 거리, 시간, 심박수, 케이던스 등을 확인한다. 최근에는 'ZONE 2 러닝'이 각광을 받으면서 심박수를 기준으로 훈련하는 경우도 많다. 하지만 내 경험으로는 대부분의 아마추어 러너는 너무 예민할 필요가 없다고 본다. 나는 새벽에 뛰면 심박수가 낮고, 저녁에 뛰면 높아지는데, 실제 운동 수행능력에는 큰 차이가 없다. 운동을 오래하다 보면 전반적으로 심박수는 낮아진다. 그것만으로도 충분하다. 그리고 때로는 시계를 보지 않으면서 뛰는 것도 좋다. 특히 한 단계 높은 고수들과 함께 뛸 때는 더 그렇다. 그들을 따라가다 보면 평소보다 빠른 속도로 달리게 되는데 시계를 보는 순간 마음이 약해진다. 수치를 보는 순간 '무리한 건 아닐까' 하는 생각이 들고, 결국 속도를 늦추게 된다. 그럴 땐 자신을 믿고, 몸의 리듬에 맡기는 편이 낫다. 늘 하던 속도로는 늘 하던 만큼밖에 못 뛴다. 한 단계 더 성장하려면, 한 단계 위의 속도에 몸을 맡겨봐야 한다. 좋은 기록은 장비가 아닌 리듬이 만든다. 그리고 그 리듬은 자신에 대한 믿음에서 나온다.

비행기와 달리는 기분

지양산 능선을 달리다 보면 멀리서 들려오던 비행기 소리가 어느새 내 옆을 스쳐 지나간다. 김포공항 착륙을 위해 고도를 낮추는 항공기들이 이 구간에서는 바로 옆에서 함께 달리는 듯한 착각을 준다. 대부분의 사람들에게 비행기는 여행을 떠올리게 하는 즐거운 존재지만, 항공 소음에 시달리는 이들에겐 반갑지 않다.

1989년, 우리나라에서 해외여행이 전면 자유화되기 전까지만 해도 비행기를 타본 사람은 드물었다. 먹고살기 바빴던 시절, 국내 근거리 여행만 가도 대단한 일이었다. 항공 노선도 적었고, 해외여행은 허가가 필요했기 때문에 비행기 자체가 낯설었다. 친구들과 놀다가 비행기가 지나가면 모두가 신기하게 올려다보던 기억이 있다.

내가 비행기를 처음 타본 건 1993년, 신혼여행지였던 제주도에 갔을 때였다. 해외여행이 자유화되면서 외국으로 신혼여행가는 일이 급증했던 시기였는데 여러 사정으로 제주를 택했다.

공항 이용으로 얻은 사회적 편익이
피해 주민에게도 정당하게 돌아가야 한다.
그것이 진정한 상생이며 지혜로운 해법이다.

지친 일상 속, 누구나 한 번쯤은 여행을 꿈꾼다. 여유와 회복을 바라는 마음, 미지의 세계에 대한 동경, 새로운 문화를 체험하고 싶은 욕구가 어우러져 여행은 늘 설렌다. '비행기-여행-회복'으로 이어지는 감정의 상승 곡선은 사람을 들뜨게 한다.

하지만 이른 아침, '쿠르릉' 하는 굉음에 잠에서 깨거나 밤늦게 달콤한 잠을 방해받는 소음을 겪어본 이는 드물다. 오전 6시부터 오후 11시까지 하루 종일 쉴 새 없이 울려 퍼지는 소음 속에서 살아야 하는 이들의 고통은 상상하기 어렵다. "그런 줄 알고 사는 것 아니냐"는 말이나 "집값이 싸니까 감수해야지" 같은 말은 상처를 더할 뿐이다. 항공소음으로 인한 스트레스는 정신적·신체적·재산적으로 분명한 피해다.

비행기를 그려보라 하면 대부분 매끄러운 동체에 깃털 같은 날개를 그린다. 하지만 신월동 아이들이 그린 비행기엔 바퀴가 달려 있다. 착륙 준비로 바퀴를 내리고 낮게 날아가는 비행기를 흔히 보기 때문이다.

한 언론에서는 신월동 소음 피해 현장을 이렇게 묘사했다.

"머리 위로 굉음을 내며 비행기가 지나갔다. 그림자를 드리울 정도로 낮게 날아 항공사 마크도 선명히 보였다. 옆사람과 대화가 불가능할 정도로 소음이 컸고 3분마다 비행기 한 대씩 굉음을 내며 지나갔다."

세계 어느 공항도 김포공항처럼 수많은 주택가 바로 위로 이착륙하지는 않는다. 양천구는 전체 면적의 57%가 고도 제한을 받는데, 주민의

37%에 달하는 65,687세대, 162,343명이 공항소음피해를 입고 있다. 제주공항, 김해공항의 피해를 모두 합쳐도 양천구보다 적을 정도다.

양천구에서 선거에 나서는 누구나 피해보상지역 확대를 공약으로 내건다. 나 역시 공약으로 내세웠다. 피해지역으로 지정되면 그나마 에어컨 지원과 전기료 일부 보상을 받을 수 있다. 구청장 취임 당시 국토부는 소음 측정 단위를 '웨클(WECPNL; Weighted Equivalent Continuous Perceived Noise Level)'에서 'LDEN(Level Day Evening Night)'으로 변경하는 연구용역을 진행 중이었다. 웨클은 최고 소음을 기준으로 하고, LDEN은 하루 전체 소음을 시간대별 가중치를 부여해 평균내는 방식이다. 전문가들은 단위가 LDEN으로 바뀌면 소음 기준이 엄격해져 피해지역이 확대되리라 예측했다.

그런데 발표 직전의 용역 결과를 접하고는 깜짝 놀랐다. 양천구 약 3천 가구가 피해보상 대상에서 제외된다는 내용이었다. 단위 변경 자체는 피해보상지역 확대에 영향을 미치지만, 코로나 시기 항공편수가 감소되어 전체 계산결과는 피해면적이 줄어든다는 것이었다. 피해 확대를 공약했던 나는 난처했다. 지원이 끊기는 3천 가구에서 가만히 있을 리 없었다. 이대로 두면 큰 문제가 터질 수 있었다.

다행히 원희룡 국토부장관은 양천에서 3선 국회의원을 지낸 분이라 공항 소음 피해에 대해 누구보다 잘 알고 있었고, 함께 일했던 인연도 있어 면담이 가능했다. 장관을 직접 만나 양천의 현실과 보상 축소로 인한 파장을 설명했다. 상황의 심각성을 전하자 장관은 담당자들에게 "소음 피해지역의 민원을 해결할 합리적 대안을 마련하라"고 지시했다.

그 결과 양천구는 기존 피해 보상 세대를 유지할 수 있었고 455세대 가 새롭게 편입되어 보상을 받을 수 있게 됐다. 주민들은 잘 알지 못하는 일이지만 그때는 정말 눈앞이 캄캄해질 정도로 긴박한 순간이었다.

항공소음을 백색소음으로

산업화 시대, 서울로 인구가 집중되자 양천구 신월동에도 사람들이 몰려들기 시작했다. 1960년대 말, 1970년대 초 종로구 철거민들이 현재의 신월동 일부에 이주했고, 주택단지가 개발되면서 인구가 급속히 증가했다. 당시엔 체계적인 도시개발보다 집을 먼저 짓는 게 급선무였다. 녹지나 편의시설은 사치처럼 여겨졌다.

'한강의 기적'과 '서울올림픽'은 우리나라가 선진국 문턱에 다다랐다는 자부심을 키웠다. 경제 발전에 대한 자신감은 문화와 여가에 대한 갈망으로 이어졌고, 새로 개발된 신도시는 넉넉한 녹지와 시원한 도로를 갖춘 채 미래 도시를 떠올리게 했다. 반면, 구도심에 남은 주민들은 상대적 박탈감을 느낄 수밖에 없었다. 여유 공간은 턱없이 부족했고, 예산 또한 넉넉지 않았다.

비행기길 아래 신월동을 달리는 마음이 그래서 무겁다. 머리 위를 가르며 날아다니는 비행기를 매일 올려다봐야 하는 주민들의 일상을 떠올리면 자연스레 어깨에 힘이 들어간다. 매봉산과 지양산을 지나 신월7동으로 접어들고 서울과학수사연구소를 지나면 곧 경인고속도로와 만난다. 서울과 인천을 잇는 '경제선'이면서 동시에 신월3동과 7동, 신월1동과 4동을 가르는 '분단선'이기도 한 이 길은 도시의 겉과 속을 함께 보여주는 상징적 경계다.

그래서 신월7동과 신월3동을 잇는 작은 다리가 놓였다. 그 다리를 건너면 서서울호수공원이 펼쳐진다. 공원 중앙에는 '소리분수'가 있다. 비행기 소음이 80데시벨(db)을 넘으면 분수가 반응하듯 물줄기를 뿜어내며 음악처럼 춤춘다. 항공소음을 감내해야 하는 삶 속에서, 그 소리를 하나의 풍경으로 바꿔보려는 이색적 연출이다.

이곳은 한때 시민 출입이 제한된 대규모 보안시설이었다. 1959년 김포정수장으로 출발해 1979년 서울시로 이관된 후 신월정수장이 됐다. 하루 12만 톤의 수돗물을 공급하던 이 정수장은 2003년 가동을 멈췄고, 13만6천㎡의 대지에 수많은 계획과 제안이 쏟아졌다. 청소년 유스타운, 영어체험마을, 임대주택 등 다양한 개발 구상이 나왔지만, 민선 4기 오세훈 시장은 과감히 '공원 조성'을 선택했다. 토지를 개발하여 이익을 얻기보다 오히려 425억 원의 예산을 투자하여 신월동 주민들에게 생태와 휴식을 선물했다.

이 결정으로 신월정수장 부지와 능골산 자락을 합친 총 22만5천㎡ 규모의 서서울호수공원이 탄생했다. 2008년에는 신월야구장도 함께 들어

하늘길 아래 항공소음도 잠시 멈추는
신월동 대표 축제 '락페스티벌'에서
우리는 뜨겁고 자유로웠다.

섰다. 변변한 기반시설 하나 없던 신월동에 서남권의 대표 랜드마크가 생겨난 것이다. 정수장에서 테마공원으로의 변화는 그야말로 극적인 변신이었다.

재임 중 대규모 사업을 결정하고 완공하는 건 흔치 않다. 재선이나 3선은 되어야 가능하다. 오세훈 시장이 재선에 성공한 덕분에 2009년 공원이 완공됐고, 이는 양천구민에게 큰 행운이었다.

서서울호수공원은 서남권 시민들의 쉼터로 자리잡았다. 서울시는 정수장 구조를 활용한 문화공간도 함께 조성했다. 수도관을 활용한 재생정원, 침수조를 개조한 몬드리안정원, 문화데크광장 등이다.

그러나 주민 입장에서는 여전히 아쉽고 부족하다는 생각이 들 수 있다. 그래서 신월동 주민을 위해서 무엇을 할까 고민하다가 '락페스티벌'을 기획했다. 시끄러운 항공소음을 락 음악의 백색소음으로 날려버리자는 역발상이었다. 2023년부터 연이어 열린 락페스티벌은 주민들의 호응을 받았고, 스트레스 해소에 도움이 됐다는 반응에 큰 보람을 느꼈다.

아이들과 가족을 위한 공간도 부족했기에 서서울호수공원에 여름 물놀이장을 설치해서 가족 단위 여가를 지원했다.

그렇다고 항공소음 문제의 본질은 바뀌지 않는다. 우리가 김포공항을 이전시킬 수도 없지만 하늘을 나는 대형 드론(UAM)의 시대가 와도 공항은 필수시설이다. 따라서 피해에 대한 합당한 보상과 지원이 더욱 중요하다.

님비(NIMBY)는 흔히 비판받지만 누구든 자신의 집 앞에 기피시설이 생기면 반대할 수밖에 없다. 이기적이라기보다 당연하고 정당한 반응이다. 입장의 다름을 인정하고 편익의 이면에 존재하는 고통을 직시해야 한다. 공항 이용으로 얻는 사회적 편익이 피해 주민에게도 정당하게 돌아가야 한다. 그것이 진정한 상생이며 지혜로운 해법이다.

우리 주민, 우리가 먼저 살펴야

항공소음에 시달리는 주민들을 위해 여러 가지 지원정책이 시행되고 있다. 한국공항공사에서는 냉방기, 전기료 지원은 물론 장학금 등 다양한 주민지원사업을 운영하고 있다. 하지만 주민들이 입는 실질적인 피해를 보상하기엔 턱없이 부족하다.

지원 내용을 살펴보니 양천구 자체 예산으로 집행되는 사업은 거의 없었다. 물론 피해를 초래한 주체가 보상하는 게 원칙이지만 그래도 우리 주민은 우리가 챙겨야 한다는 생각이 들었다. 매번 중앙정부에만 요구할 수는 없었다. 게다가 공항소음 대책비로 받은 예산이 피해가 없는 지역에 관행처럼 쓰이기도 했다. 합리적이지도 정의롭지도 않았다. 그래서 피해지역에만 예산이 쓰이도록 지시했다.

지자체 최초로 구 예산을 편성해 피해 주민들을 지원하는 결정은 개인적인 철학과도 맞닿아 있다. '남에게 요구하기 전에 나부터 먼저 하자'는 신념이다. 구 정책을 들여다보니, 정부나 공항공사에 요구만 할 뿐 정작 구청에서 실질적으로 주민들을 지원하는 정책은 거의 없었다. 물론 관점의 차이일 수도 있지만 나는 구청이 먼저 주민을 챙기고 난 뒤에 정부에 요구해야 한다고 봤다. 그래야 말에 힘이 실리고 당위성도 커진다.

우선 재산세 감면정책부터 시행했다. 제주도에서 근무할 때 경험했던 재산세 감면정책을 참고했다. 주민 반응이 확연히 달라졌다. 구청이 직접 챙긴다는 사실을 알고 진심으로 고마워했다.

물론 처음부터 순탄했던 건 아니었다. 지원을 받지 못하는 주민들 사이에서는 "왜 거기만 감면해주냐"는 불만도 나왔다. 그분들을 설득하는 과정은 쉽지 않았다. 정책이라는 게 늘 그렇다. 우산 장사에게 혜택을 주면 소금장사가 울고 소금장사에게 혜택을 주면 우산 장사가 우는 법이다. 하지만 피해 주민들의 어려움을 꾸준히 설명하고 진심을 담아 이해를 구하면서 결국 정책을 시행할 수 있었다.

공항소음지역 재산세 감면정책은 기초지자체 중 전국 최초였다. 소음으로 인해 부동산 가치가 떨어지고 고도제한으로 재건축과 재개발이 어려운데도 마땅한 보상이 없었다. 그래서 구 차원에서라도 보완하고자 했다.

재산세는 구세인 재산세 본세와 시세인 도시지역분, 지역자원시설세, 지방교육세 등으로 구성된다. 조례를 통해 과세표준에 따라 감면 비율을 40~60%까지 재산세 구세분을 감면했다. 소음대책지역으로 지정된 9개 동(신월1~7동, 신정3·7동)에 거주하는 1세대 1주택 보유자만 감면받을 수 있도록 했다.

그 결과, 2023년에는 25,282세대에 18억 8천만 원, 2024년에는 25,103세대에 19억 3천만 원의 감면 혜택이 돌아갔다. 더 많이 감면하려고 해도 세법상 구청장이 감면할 수 있는 최대치가 20억 원 한도였기에 권한 범위에서 실행한 조치였다.

공항소음피해지역 주민들을 보다 체계적이고 종합적으로 지원하기 위해 '공항소음대책 종합지원센터'를 설치했다. 소음피해가 심한 지역 한가운데, 주민들이 쉽게 찾아올 수 있는 장소에 문을 열었다. 고통의 현장에서 느끼는 불편과 고충이 행정에 바로 전달될 수 있도록 시스템을 구축한 것이다.

센터의 주요 역할은 네 가지다. 첫째, 다양한 주민지원사업과 소음대책 관련 사업을 추진한다. 둘째, 공항소음과 관련된 조사·자료를 관리하고 소음저감 및 지원 확대를 위한 제도 개선을 정부에 건의한다. 셋째, 소음 모니터링 시스템을 구축해 자체적으로 항공기 소음을 측정하고 데이터를 축적한다. 넷째, 주민 민원과 피해 상담을 전담해 소통을 강화한다.

기존의 여러 지원사업과 소통 창구를 하나로 통합하고 동시에 자체 데이터를 확보해 정부와 협상할 수 있는 근거를 마련하는 것이 핵심이다. 피해를 호소하는 데 그치지 않고 피해에 걸맞은 보상 근거를 스스로 찾아나선 의미 있는 변화였다.

센터가 추진한 대표적인 사업 중 하나는 전국 최초로 시행한 '청력검사 지원사업'이다. 3년 이상 공항소음지역에 거주한 주민을 대상으로 청력검사를 무료로 지원했다. 항공기 소음으로 인한 대표적 피해가 청력 이상임에도 그동안 관련 지원이 전무했기 때문이다.

업무협약을 맺은 25개 의료기관에서 1차 기본검사를 진행하고 이상 소견이 있는 경우 정밀검사로 이어졌다. 이후 중등도 이상의 난청 진단을 받은 주민에게는 보청기도 지원했다. 2024년까지 총 929명이 청력검사를 받았고, 이 중 92명이 청각장애 등록을 마칠 정도로 심각한 피해가 확인됐다.

두 번째는 심리상담 프로그램이다. 항공기 소음으로 인한 스트레스, 우울, 불안, 집중력 저하 등 정신적 고통을 겪는 주민들을 위해 전문상담기관과 협력해 맞춤형 상담을 운영했다. 사전검사 1회와 1:1 개별상담 7회를 포함한 총 8회 과정이다.

2024년 상담이용자 만족도는 95.7%에 달했다. 이에 따라 2025년에는 지원 대상을 두 배로 확대하고, 상담기관도 5곳에서 8곳으로 늘렸다. 부부·가족 상담이 필요한 경우에는 집단상담이 가능하도록 사업을 확장했다.

세 번째는 소음 측정과 데이터 모니터링이다. 주민들이 정부의 항공기 소음 측정값을 신뢰하지 못하는 경우가 많아 자체적으로 자동소음측

소음 측정과 데이터 모니터링은
정부와의 협상 근거로 활용된다.
피해 호소에 그치지 않고
보상 근거를 스스로 찾아나선 의미 있는 변화다.

정기를 설치해 운영하고 있다. 측정 결과는 구청 홈페이지를 통해 투명하게 공개하면서 정책 신뢰도를 높이고 있다.

소음피해지역은 1·2·3구간으로 나뉜다. 구체적으로는 직접피해지역, 대책지역, 간접영향지역으로 구분된다. 이 구분 기준이 되는 '소음 수치'가 바뀌면 피해보상지역도 크게 달라진다. 예를 들어 기준이 61LDEN에서 60LDEN으로 강화되면 보상 대상이 4만 5천 가구에서 8만 가구까지 늘어날 수 있다. 이처럼 보상범위 확대는 예산에도 영향을 주기 때문에 정부에서 신중할 수밖에 없다.

우리는 그런 변화에 대비해 자체적인 소음 측정과 데이터 축적을 지속하고 있다. 예를 들어 신월시영아파트의 경우, 단지 내에서도 에어컨과 전기료 지원이 되는 동과 그렇지 않은 동으로 나뉘는데, 그 차이가 과연 실제 소음의 차이에서 비롯된 것인지 확인할 필요가 있었다. 그래서 해당 동 옥상에 측정기를 설치하고 데이터를 축적하고 있다.

현재 3곳에 설치된 측정기를 통해 각각 4만 건 이상의 데이터를 수집하며 지속적으로 모니터링하고 있다. 이 데이터는 향후 국토부, 한국공항공사와의 협상에서 중요한 근거로 활용될 것이다.

언제나 주민 편에서

　공항소음 피해 대책 가운데 가장 주목받는 사안은 에어컨 설치 대신 현금으로 지원하는 문제다. 2023년 국토부가 "1인당 10만 원을 지원하겠다"고 일방적으로 보도자료를 낸 적이 있었다. 양천구는 이 발표에 강하게 항의했다. 아무런 협의도 없이 지자체 의견을 배제한 채 피해지역 정책을 발표하는 걸 도저히 납득할 수 없었기 때문이다.

　현금지원 방식 자체에는 찬성한다. 다만 그 기준이 문제였다. 1인당 10만 원으로 금액을 고정해버리면 10년이 지나도 물가가 반영되지 않기 때문이다. 현재 기준으로 보면 24~25평형에 거주할 경우 약 400만 원 상당의 에어컨이 설치된다. 10년 내구연한으로 나누면 연간 40만 원 정도다. 국토부에서 언급한 1인당 10만 원 기준으로는 2인 가구의 경우 연간 20만 원만 지원받는 셈이다. 지나치게 낮은 금액이다.

　그래서 국토부에 현실적인 기준을 제시했다. 최소한 물가를 반영해 1인당 16만 원은 되어야 한다는 내용이었다. 국토부와의 협의에서 물가 정보를 반영해 14만 원 수준까지는 의견이 접근했지만 물가상승분을 어떻게 적용할 것인지에 대한 명확한 기준은 마련하지 못했다. 결국 국토부는 이 문제를 국회 입법으로 넘겨버렸고, 지금까지도 별다른 진전 없이 법안이 국회에 계류 중이다.

그동안 에어컨 설치 방식에도 문제가 많았다. 소음도가 높은 지역부터 순차적으로 설치하다 보니 동네마다 설치 시기에 수년의 차이가 생겼고, 참다 못해 자비로 설치한 경우에는 아예 지원 대상에서 제외됐다. 신청은 집주인이 해야 했고 집주인이 외국에 거주하거나 연락이 어려운 경우 절차가 복잡했다. 고장이나 하자보수에도 시간과 절차가 오래 걸려 여름이 다 지난 후에야 수리되는 일이 흔했다. 심지어 세입자가 이사하면서 에어컨을 가져가는 일도 있었다. 에어컨 회수와 재설치 과정에도 마땅한 기준이 없었다. 이런 문제들을 생각하면 합리적인 기준을 갖춘 현금지원이 훨씬 현실적이라는 판단이다.

공항소음피해 대응을 위한 전담기관도 설치했다. 김포공항 이용료를 지원하고, 학습권 침해를 겪는 학생들에게 장학금을 지급했으며 대학생 멘토링 사업도 운영했다. 주민들이 직접 체감할 수 있는 정책을 설계하고 실행하는 데 중점을 두었다.

공항소음 문제는 양천구만의 일이 아니다. 관계기관들과 협력해 전국적이고 지속가능한 대안을 만드는 방향으로 나아가야 한다. 그리고 이 모든 어려움을 극복했던 과정이 훗날 양천구민의 자부심으로 남기를 바란다.

원인을 알아야 해법을 찾을 수 있다

 공항소음피해지역 주민의 3분의 1이 양천구에 거주하고 있다. 구청장으로서 항공소음에 대해 깊이 알아야 한다는 책임감으로 공부를 시작했다. 전문가를 초청해 포럼을 열고 관련 서적을 읽으며 다양한 사례를 분석했다. 항공소음이 어떻게 발생하는지, 이를 줄일 수 있는 방법은 무엇인지, 해외 공항들은 어떻게 대응하고 있는지, 김포공항에서는 어떤 조치를 취하고 있는지를 하나하나 살펴봤다. 공부를 하면 할수록 소음피해를 줄일 수 있는 방법들이 많다는 것을 알게 됐다. 피해자 입장에서 국토부와 한국공항공사가 좀 더 적극적인 정책을 도입할 필요가 있다.

 항공기 소음은 크게 두 부분에서 발생한다. 하나는 엔진, 다른 하나는 동체다. 이륙 시에는 엔진이, 착륙 시에는 동체가 소음의 주원인이다.

 엔진에서는 흡기부로 들어온 공기를 압축하는 과정, 공기와 연료가 혼합돼 점화되는 과정, 연소실에서 배기가스가 터빈을 돌리며 엔진을 구동시키는 과정에서 소음이 발생한다. 그중 가장 큰 소음은 엔진 후면에서 제트 분사로 고온 고압의 가스가 배출될 때 나온다.

동체에서는 날개가 양력을 발생시키며 공기와 마찰할 때 소음이 생긴다. 특히 양력을 높이기 위해 사용하는 플랩(Flap)과 슬랫(Slat)이 작동할 때 공기와의 마찰로 소음이 발생한다. 착륙에 필요한 바퀴가 공기를 가르는 과정에서도 큰 소음이 나온다.

항공기 운항 과정에서도 소음은 계속된다. 이륙 시에는 엔진 시동, 지상 활주, 이륙, 착륙장치 회수, 상승, 플랩·슬랫 회수 과정에서 소음이 발생한다. 이륙 시 엔진 출력이 가장 강하지만 고도가 낮아 소음의 확산 범위는 제한적이다. 반면 상승하면서 고도가 높아지면 소음이 더 넓은 지역으로 퍼진다.

착륙 시에는 하강, 감속, 플랩·슬랫 사용, 착륙장치 전개, 착륙, 역추진, 지상 활주 등에서 소음이 발생한다. 특히 착륙 전 감속을 위해 플랩과 슬랫을 사용할 때 발생하는 동체 소음은 지상으로 직접 전달된다. 착륙장치는 큰 소음을 유발하지만 짧은 시간만 사용되므로 공항 인근 지역에만 영향을 준다. 착륙 후 역추진도 큰 소음을 발생시키지만 활주로 인근 지역에만 영향을 미친다.

이처럼 항공기 소음은 다양한 원인과 과정을 통해 발생하며, 이를 정확히 이해해야 실효성 있는 대책을 세울 수 있다.

국제민간항공기구(ICAO)는 항공기 운항 중 발생하는 소음을 줄이기 위해 '저소음 운항절차'를 각국에 권장하고 있으며, 각국 항공당국은 이를 의무화할 수 있다. 출발절차와 도착절차로 나뉘며, 다음과 같은 방식이 있다.

출발절차로는, 첫째, NADP(Noise Abatement Departure Procedure)는 연료 소비와 소음을 최소화하는 이륙 절차이다. 둘째, CCO(Continuous Climb Operation)는 멈춤 없이 고도를 상승하는 비행 방식이다. 셋째, NPRs(Noise Preferential Routes)는 인구 밀집도가 낮은 곳으로 출발 경로를 설정한다. 넷째, 소음 우선 활주로 운영은 풍향과 교통량 등을 고려해 소음 민감구역을 피해 활주로를 교대로 운영한다. 다섯째, 소음 집중과 분산 방식은 인구 밀집도가 낮은 지역에 소음을 집중시키고 밀집 지역은 피해가 덜하도록 소음을 분산한다. 여섯째, 최신 항공기 시스템을 활용해 저소음 절차를 효율적으로 운영하도록 돕는다.

도착절차에는, 첫째, CDO(Continuous Descent Operation)는 수평 비행을 최소화하고 최소 추력으로 하강하는 비행 방식이다. 둘째, 비행경로 최적화를 통해 인구 밀집지역을 회피한다. 셋째, 소음 우선 활주로 운영으로 민감구역을 피해 착륙 경로를 설계한다. 넷째, 플랩과 착륙장치 조작을 지연해 동체 소음을 줄인다. 다섯째, 착륙 후 역추진을 최소화해 소음을 줄인다. 여섯째, 활주로 착륙 지점을 뒤로 옮겨 착륙 시 고도를 높여 소음을 저감한다. 일곱째, 지상 활주 시 엔진 사용을 최소화한다. 여덟째, 착륙 경사의 각도를 안정적인 착륙을 해치지 않는 범위 내에서 기존 3도보다 높여 비행 고도를 유지하는 시간을 줄이고 소음 발생을 억제한다.

이러한 절차들은 항공기 소음을 줄이는 데 매우 유효하며, 김포공항을 포함한 국내 공항에서도 체계적으로 도입·운영될 필요가 있다.

우리나라의 저소음 운항절차는 1992년 항공법 개정을 통해 시작되었고, 김포공항은 1993년부터 관련 절차를 수립해 시행 중이다. 현재는 AIP(항공정보간행물) 차트를 통해 공식적으로 저소음 운항절차를 게재하고 있으며 조종사와 항공사, 관계 기관들은 이를 참고해 비행하고 있다.

김포공항의 저소음 운항절차는 심야비행 통제, 이륙절차, 착륙절차, 시계비행절차, 착륙 후 역추진 장치 사용절차, 엔진 런업(RUN-UP) 절차 등으로 구성된다. 대표적으로 심야 시간대(23시~익일 6시)에는 이착륙을 제한하고, 이륙 시에는 ICAO의 NADP와 공항별 이륙절차(SID)를 병행 적용한다. 착륙 시에는 출력 및 항력 감소 기법을 권장하고, 지연 플랩 설정을 통해 소음을 줄인다. 시계비행 시에는 병원, 학교 등 소음 민감구역을 피하도록 하고, 지상에서 엔진 점검 시에도 불필요한 소음이 발생하지 않도록 지정된 장소에서만 런업을 허용한다.

요약하면 김포공항의 저소음 운항은 다음 네 가지 요소에 기반을 둔다. 첫째, 소음 저감 비행경로 설정. 둘째, 가능한 높은 고도를 유지한 비행. 셋째, 저소음 비행 기법 적용. 넷째, 소음 민감 시간대의 운항 조정. 이 같은 절차는 공항 주변 주민의 삶의 질을 지키기 위한 최소한의 배려 이자 지속 가능한 항공 운영을 위한 필수 조건이다.

해외 주요 공항에서도 소음피해지역 주민들의 피해를 최소화하기 위해 다양한 정책을 시행하고 있다.

우선 도심과 가까운 일본의 오사카국제공항은 국내선 전용으로 운영되고 있다. 오사카 시내에서 약 12km 떨어져 있으며, 항공기 운항시간은 07:00~21:00까지다. 소음대책과 관련해서 국가기관인 국토교통성은 공항소음대책을 다루고, 지방자치단체는 항공기 소음 감시 및 비행코스, 항공기 소음대책을 중심으로 다루고 있다. 특히 공항주변 정비사업 일환으로 공항 주변 Sky Park 및 녹지 조성사업을 진행하고 있다.

미국 LA공항은 시내에서 약 30km 떨어져 있고, 항공기는 일반적으로 24시간 운항한다. 공항소음 관리를 위해 공항소음 관리프로그램과 정기보고서를 작성해서 공개하고 있다. 공항소음 관련 내용을 LAX Noise 포털을 통해 상세히 공개하고, 인근 지역사회와의 연석회의 운영, 소음 관련 정기보고서를 작성해서 공개하고 있다.

그리고 소음피해 최소화를 위한 조기선회(Early Turn)에 대한 연구 사례를 축적하고 있으며, 소음피해지역 소음도(Noise Exposure Map)

를 정기적으로 갱신하고 있다. 또 인근지역을 대상으로 하는 방음보조금 프로그램(Sound Insulation Grant Program: SIGP)을 시행하고, 소음 피해지역 주민들을 위한 인턴십 제공, 지역 소기업 공항현대화사업 참여 할당제 등을 통한 상생 협력사업을 하고 있다.

야간 할증제도를 주요 정책으로 활용하며 소음을 관리하는 공항들도 많이 있다. 프랑스 샤를드골공항은 저녁시간에는 일괄적으로 300% 할증률을 적용하고, 야간시간은 등급에 따라 최소 600~1,000%까지 할증률을 차등 적용한다. 이때 야간 소음을 저소음 600%, 중소음 830%, 고소음 1,000% 등급으로 세분화해 할증한다.

독일 베를린공항은 저녁시간에는 주간의 200~300%, 야간에는 400~600% 할증률을 부과하고 있다. 성수기 여부에 따라 저녁과 야간 할증률을 공항 운영당국에서 탄력적으로 운용하기도 한다.

영국은 저녁시간에는 할증을 부과하지 않는다. 대신 야간시간 23:00~07:00에는 야간할증률을 적용하고, 공항 운영당국마다 야간할증율을 소음피해 상황에 맞게 차등 적용하고 있다. QC(야간운항총량제)를 적용할 뿐만 아니라 히드로공항은 500%, 게트윅공항은 1,260% 할증률을 적용한다.

폴란드의 바르샤바공항은 야간할증률이 가장 높은 곳으로 최대

찾아라, 그러면 찾을 수 있다

항공기 소음발생 원인, 저소음 운항절차, 해외 공항 사례를 살펴봤듯이, 항공기 소음피해는 국가별 차이가 있지만 도심과 가까울수록 심각하다는 점이 유사하고, 피해 대책이 구체화된다는 특징이 있다. 김포공항은 주요 공항보다 도심과 가깝고 인구밀집지역에 있어서 피해가 큰데, 특히 신월동은 항공기 이착륙 진입표면에 속하기 때문에 그중에서도 가장 피해가 심하다.

피해의 심각성을 인근 공항소음피해지역과 비교해보자. 먼저 2017년부터 2022년까지 김포공항 활주로 평균 운항실적을 살펴보면(이명식·이준호, "김포공항 활주로 운영에 따른 항공기 소음개선 방향" 재구성), 김포공항 남쪽인 양천구 신월동 지역(32R-A, 14L-D)을 통과한 일평균 운항실적은 133대로 부천시 고강동 지역(32L-A, 14R-D) 66대보다 101% 많고, 김포시 서쪽지역(14R-A, 32L-D) 114대, 동쪽지역(14L-A, 32R-D) 76대보다 많게 나타났다.

다음으로 항공기 시간대별 운항비율을 비교하면, 신월동은 부천시 고

강동보다 항공기 운항에 따른 소음도(2017-2022년 평균)가 4.1웨클(4 웨클은 10데시벨 차이로, 소음이 절반 수준으로 가감된다) 높고, 22시부터 익일 07시까지의 항공기 운항비율은 15:1로 높으며, 운항횟수도 2배(133:66) 많다. 가중치를 반영하면 두 지역의 차이는 307:114로 더 벌어진다. 같은 공항소음피해지역인데도 피해가 2~3배 차이난다는 점에서 신월동 지역의 피해가 얼마나 심각한지 확인할 수 있다.

　양천구 공항소음피해를 줄이기 위해서는 세계 주요 공항의 소음저감 방식과 피해대책 등을 벤치마킹할 필요가 있다. 행정적인 노력에서부터 지역상생정책, 소음부담금, 운항할증료, 항공기 기종 변경 등의 정책이 진행되고 있는데, 항목별로 적용하는 기준이 다르기 때문에 면밀히 검토해서 대책을 마련할 필요가 있다.

　우선 김포공항처럼 도심 가까이 있는 오사카공항, LA공항의 정책에서 눈에 띄는 점은 공항 정책을 전담하는 행정 조직을 만들었다는 점이다. 일본 이타미시(伊丹市)의 경우 '공항정책과'에서 오사카공항과 관련된 정책을 수립하여 시행하고, LA공항은 LAWA(Los Angeles World Airports)가 공항운영자이자 LA시의 한 부서로서 공항소음 및 지역사회와의 관계업무를 수행하고 있다.

　지역주민과의 상생을 추구하는 정책도 시행하고 있다. 오사카공항 인근에 있는 이타미시는 'Itami Sky Park'를 운영하고 있는데, 인접 구역

1.2km에 걸쳐 5개 구역으로 나누어 조성했다. 공항처럼 항공기 이착륙 장면을 볼 수 있는 공간, 어린이들의 놀이기구 등을 설치하고, 야간 개장도 하고 있다. 시모카라하와(下河原緑地) 녹지는 공항 활주로 북단 인접 지역에 항공기 이착륙을 관망할 수 있는 시설과 운동기구 등을 설치하고, 공항의 사계(four seasons)를 감상할 수 있는 공간을 조성했다.

　LA시(LAWA)는 소음 저감을 위해 체계적이고 상세한 연구, 보고, 절차 등을 공개하면서 지역사회와의 직접 교류를 통해 소음 관리, 커뮤니티 분야 등에서 지역 소기업에게 구매 우대와 참여 기회를 제공하고 있다. 지방자치단체가 전문가들을 직접 영입 또는 전문연구기관과의 협력관계 등을 통해 LAWA가 수행하는 전문분야를 보완하면서 민원을 해결하고 지역경제 활성화를 도모한다는 점이 인상 깊다.

　이와 같은 상생정책은 인근 주민에게 여가 공간을 제공하면서 항공기 이착륙에 대한 거부감을 상쇄하는 효과가 있다. 또한 인근 주민들의 항공기 소음 관련 민원과 불편함 감소, 공항과의 상생, 활성화를 위한 장기적인 수단에 도움이 될 것으로 보인다.

　한편 소음 데이터를 기반으로 수립한 대책으로서 소음부담금이나 할증료, 활주 운영방식 변경 등을 검토, 적용할 필요가 있다. 먼저 항공사들의 저소음 항공기 도입을 유도하고 소음부담금 격차를 확대하기 위해 소음부담금 소음등급을 현 5단계에서 13단계로 세분화하는 정책에 주목할 필요가 있다.

박성식 교수(국립한국교통대 항공운항학과)가 공항소음대책포럼에서 발표한 자료에 따르면, 소음등급을 세분화해서 최고-최저소음 등급 간 부담금 격차를 현재의 2.5배 수준에서 국제선은 약 10배로 확대할 수 있다. 박 교수는 저소음 항공기의 소음부담금 요율을 기존 10%에서 3%로 인하하고, 반대로 고소음 항공기의 요율을 기존 25%에서 30%로 인상하는 안을 제시했다. 현 국제선 착륙료가 국내선보다 약 3~4배 높기 때문에, 국제선 소음부담금이 국내선보다 증가하는 구조로 설계한 대책이다.

소음등급 외에도 항공사의 실제 운항실적 등을 고려한 손익계산 등을 토대로 항공사에서 수용가능한 정책을 제안하는 노력도 필요해 보인다. 김포공항 도착시간대 항공편을 보면 21:00~21:59에 8.72% 그리고 22:00~22:59에 8.94%의 비중을 차지하고 있다. 즉 야간시간 도착비중이 높기 때문에 소음 비중에 비례해 할증료를 인상하여 심야시간 공항 이착륙을 줄이고, 인상분을 소음피해지역 주민에게 환원해야 한다. 아울러 비행금지시간을 23시에서 22시로 앞당겨 심야시간의 소음피해를 줄이는 노력이 필요하다.

실제로 공항 주변에서 거주하는 주민은 소음 영향권 밖에 거주하는 주민에 비해 수면장애 현상이 약 3배 가까이 발생한다고 한다. 소음피해 주민 중 80웨클 이상 피해지역 주민은 약 3.52배, 60~80웨클 피해지역 주민은 약 2.61배나 일반주민에 비해 수면장애가 발생한다는 연구결과도 있다. 이와 같은 연구를 바탕으로 수면장애에 대한 실상 파악과 치료방안이 검토되어야 한다.

다음으로 활주로 운영방식에 대한 변경 논의와 검토가 있다. 김포공항 활주로는 김포방향(32방향, 320°)과 서울방향(14방향, 140°)으로 2개의 평행활주로가 있는데, 풍향에 따라 김포나 서울방향으로 활주로를 이용한다. 한반도 기후 특성상 주풍향이 북서풍일 때는 김포방향 활주로 좌측과 우측을 3시간 간격으로 이륙·착륙 활주로로 사용한다. 서울방향일 경우 우측은 착륙 전용, 좌측은 이륙 전용으로 사용한다.

그런데 이명식·이준호(2023)는 이와 같은 활주로 운영방식에 대해, "저소음운항절차로 사용하고 있는 좌우 활주로 지역의 항공기 소음의 균등화(runway operation)는 시간대별 항공기 운항통제 없이 효과가 있다고 볼 수 없다며 좌우 활주로를 통과하는 소음이 동일하다고 가정하였으나 실제 소음도를 고려하면 더 큰 차이가 발생될 수도 있을 것으로 판단된다"로 진단한다.

이들은 진단에 덧붙여 김포공항의 저소음운항절차의 하나인 32방향의 활주로 3시간 간격의 이착륙 교대 사용이 항공기 통과지역의 소음도를 균등하게 유지하기에 적합하지 않기 때문에, 3시간 간격의 활주로 이용시간대에 대한 추가적인 검토와 새로운 활주로 이용방식을 권장하고 있다.

또한 항공기 소음도를 고려한 활주로 비율 배분, 활주로 14L-32R에 활주로 중심선등 추가 설치 등 시설개선, 활주로 이·착륙의 제약없는 사용을 위해 비행금지구역(P-73B) 축소를 제안한다.

이와 같은 연구결과에 비춰보면 활주로 하늘길에 해당하는 신월동 지역 소음피해의 상당한 이유가 활주로 이용방식에 있다는 해석이 가능하다. 관계기관의 정밀한 분석과 대책 마련이 시급한 지점이기도 하다.

ICAO의 개정안을 반대한다

2025년 7월 1일, 국토교통부는 "ICAO의 고도제한 기준이 개정되었고, 2030년 11월부터 전 세계 공항에 적용될 예정이므로 우리도 안전을 최우선으로 확보하고 국내 여건과 조화를 이루도록 준비하겠다"고 발표했다. 이후 담당 부서를 통해 개정안의 내용을 보고받았는데, 나는 말문이 막혔다. 기대와는 전혀 다른 내용이었기 때문이다.

ICAO(국제민간항공기구)의 개정안은 고도제한을 완화하는 것이 아니라 강화하는 내용이었다. 강화된 제한 기준을 어떻게 주민들에게 설명할 것인지 난감했다.

ICAO는 유엔 산하의 국제기구로, 전 세계 항공안전을 위한 표준을 만들고, 항공 협정의 기본틀을 제공한다. 법적 강제력은 없지만 회원국이 이를 따르지 않으면 항공 안전등급이 낮아지고 신규 항공편 제한 등 불이익을 받게 된다. 이번 개정은 1955년 이후 70년 만의 전면 개정으로, 항공기술의 발전을 반영해 고도제한 완화를 기대하게 만들었지만 결과는 다른 방향이었다.

현재 김포공항의 장애물 제한표면은 크게 두 가지로 나뉜다. 이륙과 착륙 경로를 규정하는 진입표면, 그리고 만일의 사태에 대비해 비행기의 선회 공간을 확보하는 수평표면과 원추표면이다. 진입표면은 공항 15km 전방부터 300m 고도로 제한하며 1/40~1/50 경사도에 맞게 장애물을 막고, 수평표면은 공항 반경 4km 이내를 45m 높이로 제한하고 있다.

그런데 개정안은 이러한 제한 범위를 대폭 확대했다. 예컨대 수평표면은 반경 3.35km까지는 45m, 5.35km까지는 60m, 10.75km까지는 90m로 단계별 제한을 설정했다. 지금까지 고도제한 대상이 아니었던 양천구 목동 전역, 영등포구, 구로구, 마포구, 동작구까지 규제에 포함될 수 있다. 정밀접근표면, 정밀접근실패표면, 직진입계기접근표면, 계기출발표면 등 복잡한 제한표면이 추가되며 규제 면적이 급격히 넓어졌다.

이 개정안은 2025년 8월 4일까지 각국의 의견을 받은 후에 발효된다. 시간이 많지 않기에 나는 즉시 반대성명을 냈고, 언론 인터뷰를 통해 문제의 심각성을 알렸다. 하지만 인근 강서구는 개정안을 환영한다는 입장을 취했다. 강서구의 일부 지역에서 고도제한이 완화되는 측면이 있기 때문이다. 강서구 일부는 이익일 수 있지만, 양천과 인근 자치구는 막대한 피해를 입는다.

국토부와 서울시는 지금까지 '완화될 것'이라 홍보해 왔다. 그런데 막상 강화된 개정안이 나오자 "평가표면이 확대됐으니 완화된 것"이라는 어설픈 해명이 나온다. 하지만 새로운 기준을 어떻게 적용할지, 평가표면이 실제로 어떻게 작동할지 아무도 알지 못한다. 평가표면이란 결국 하나하나 심사받으며 규제를 벗어나야 한다는 의미다. 2030년이 되어 갑작스럽게 재산권을 박탈당하고 나서야 이 상황을 알게 된다면, 그 책임을 누가 질 것인가.

양천구는 지금도 전체 면적의 57%가 고도제한을 받고 있다. 이로 인해 재건축·재개발이 어려워지고, 지역 발전은 정체되어 있다. 그런데 목동까지 제한 대상이 된다면 구 전체가 규제지역으로 변할 것이다.

이미 목동아파트는 정비계획을 수립하여 고시하였다. 그중 가장 빠르게 추진되고 있는 6단지는 49층 규모로 계획되어 있으며, 건물 높이는 약 160m에 달한다. 이곳을 포함한 목동중심축은 양천구의 미래를 상징하는 공간이다. 바로 그 중심에 우뚝 서 있는 '목동 하이페리온 타워'는 69층, 높이 256m로, 서울을 대표하는 초고층 주거 건물 중 하나다.

그런데 이번 ICAO 개정안이 적용되어 수평표면이 60m 또는 90m로 제한된다면, 이 일대의 도시계획은 말도 안 되는 수준으로 위축된다. 현실을 외면한 규제로, 이미 수립된 지구단위계획은 무력화되고, 주민의 재산권은 심각하게 침해받게 된다. 국토부가 ICAO 개정안을 그대로 적용한다면, 양천구 전체 도시계획이 뿌리부터 흔들릴 수 있다.

지금의 고도제한도 실생활에 직접 영향을 주고 있다. 신월동 재개발 지역은 층수를 높일 수 없어 타워형 대신 판상형으로 설계해야 하고, 용적률을 확보하지 못해 사업성 확보가 어렵다. 그 결과 주민분담금이 커지면서 사업 자체가 무산될 수도 있다. 그래서 건축물을 높이기 위해 갖은 노력을 다하고 있다. 실제로 신월7동 1구역은 수많은 협의 끝에 고도를 10m 상향 조정받았다. 차폐효과가 있는 능골산(89m)을 근거로 삼고, 관련법의 완화를 적용해 어렵게 얻어낸 결과였다. 그런데 이런 노력이 모든 재건축·재개발 사업지마다 반복되어야 한다면, 얼마나 힘든 일이겠는가?

나는 지금이라도 국토부가 분명한 입장을 밝혀야 한다고 생각한다. 단순히 "평가표면을 적용하니 괜찮다"는 말이 아니라, 기존 고도제한 대상이 아니었던 지역에는 어떠한 불이익도 없을 것임을 명확히 해야 한다. 특히 기준을 마련하는 과정에서 정비계획안이 이미 고시된 지역은 적용 예외로 분명히 발표해야 한다.

이 문제는 '임기 중 벌어질 일이 아니다'라며 조용히 넘어갈 수 있는 일이 아니라고 판단했다. 지금 방심하면, 2030년 이후에는 돌이킬 수 없는 사태가 벌어진다. 나는 2004년 종세분화로 인해 목동아파트 1~3단지가 2종으로 묶였고, 이후 3종으로 상향시키기 위해 수많은 시간과 노력이 필요했던 과정을 기억한다. 당시에도 대부분의 주민들은 그게 얼마나 큰 문제인지 알지 못했다. "나중에 다 해주겠지"라는 안일함이 후환을 남겼다. ICAO 개정안도 마찬가지다. 지금 제대로 대응하지 않으면, 2030년에 양천구의 하늘을 막아버릴 커다란 유리 천정이 우리를 기다리고 있을지 모를 일이다.

비행기와의 동반주를 하며 주민들이 겪는 고통의 깊이를 생각하니 더 발이 무겁다. 어깨를 짓누르는 부담도 늘어났다. 문득 힘들게 완주했던 마라톤 첫 풀코스 기억이 되살아난다. 불가능해 보이던 마라톤 풀코스도 꾸준한 연습으로 이뤄냈다. 힘들던 코스도 한걸음씩 내딛으면 결국 목표에 다달을 수 있다. 구청장의 권한에는 한계가 있지만 역할은 무한대라는 소신을 다시 되새긴다.

우리 속담에 "목마른 사람이 우물을 판다"는 말이 있다. 성경에는 "누구든지 구하는 사람은 받을 것이며, 찾는 사람은 찾을 것이오, 두드리는 사람에게는 열릴 것이다"라는 구절도 있다. 누구든지 간절히 원하면 방법을 찾을 것이고, 결국 원하는 바를 얻을 수 있다는 의미가 담겨 있다. 공항소음에서 비롯된 문제의 해법도 찾으려는 의지와 노력이 멈추지 않는다면 언제든 찾을 수 있으리라.

공항 심야운항제한 확대로
소음대책지역 주민 수면권 보장해야

『소음진동관리법 시행령』 개정으로 항공기 소음측정 단위가 2023년 1월 1일부터 웨클(WECPNL)에서 엘디이엔데시벨(LDENdB)로 변경 시행되고 있다. 엘디이엔데시벨은 도로, 철도 등 다른 교통수단이나 생활 소음에서 사용하는 데시벨(dB)과 유사하며 L은 level, d는 day, e는 evening, n은 night의 앞 글자다. 다시 말해 소음도를 측정할 때 3개의 구간(day, evening, night)으로 나눈다는 의미이며 소음에 민감한 저녁시간에는 5dB(A)를, 야간시간에는 10dB(A)의 가중치를 주어 소음을 평가한다.

특히 유럽연합에서는 LDEN(주간/저녁/야간 소음평가) 외에도 야간시간대의 수면장애 평가를 위해 Lnight(야간 소음평가)를 별도로 사용한다. LDEN 단위를 처음 도입한 독일에서는 '야간보호구역'을 지정하여 수면 방해를 일으킬 수 있는 최고 소음도를 규제하고 있다. 또한 세계의 주요 공항들은 심야시간 공항 주변의 주민들이 겪는 소음피해를 최소화하기 위해 야간에 이착륙을 제한하는 '커퓨타임(Curfew Time, 야간운항 제한)'을 실시하고 있다. 예를 들면, 일본 후쿠오카 공항의 경우 22:00~07:00까지, 독일 뮌헨 공항의 경우 우편 항공편 및 정당한 사유가 있는 비행을 제외하고는 22:00~06:00까지는 제한을 둔다. 우리나라의 경우 15개 공항 중 4개 공항에서 커퓨타임을 시행 중이다.

이처럼 야간소음을 특별히 관리하는 이유는 무엇일까.

항공기 소음은 비행기가 뜨고 내릴 때 일시적으로 큰 소음을 발생시켜 주간보다는 생활 소음이 없는 야간 시간에 더 큰 영향을 미치며 타 소음원에 비해 수면장애와 같이 건강에 미치는 영향이 더 크기 때문이다. 이에 세계보건기구의 유럽 야간 소음 지침에 따르면, 야간 소음도 40dB(A) 이상에 노출될 시 수면장애, 심혈관 질환 발생 위험이 생길 수 있어 야간 소음도가 40dB(A)를 초과하지 않도록 권장하고 있다. 반면, 우리나라의 공항소음대책지역 '제3종 구역 다지구'는 소음영향도가 가장 낮은 구간(61 이상 66미만)이지만 유럽의 40dB(A) 수치보다도 20dB(A) 이상 높다.

공항소음피해지역 주민들, 수면권·휴식권·학습권을 보장받을 권리 있어

김포공항 소음피해지역의 65%는 양천구민이며, 양천구 소음대책지역 세대수는 4만여 세대로 관내 전체 가구 수의 4분의 1에 달한다. 특히 김포공항은 항공교통량이 전 세계 1위인 김포·제주 구간을 운항하고 있으며, 커퓨타임은 23:00부터 익일 06:00까지다.

'커퓨타임'은 앞서 예를 든 후쿠오카 공항에 비하면 2시간이 더 길고, 소음영향도를 따져도 수치가 높다. 코로나19가 완화된 2023년 1월 기준, 김포공항 이착륙 횟수는 일평균 341편, 그중 밤 10시부터 11시까지는 평균 15편인데, 하루 종일 고막을 울리는 굉음을 2~3분마다 반복해 듣다가 잠이 들 시간에는 평균 4분마다 굉음을 들어야 한다.

세계의 어떠한 도시 주변 공항도 김포공항처럼 수만 채의 주택 바로 위를 날아서 이착륙하는 공항은 없다.

미국 국립수면재단이 제시한 연령대별의 신생아(14~17시간), 10대 청소년(8~10시간) 수면 권장 시간과 비교해도, 김포공항 소음피해지역 주민들에게는 고작 7시간의 수면시간이 보장되고 있어 통상적인 평균 수면시간에 미치지 못한다.

이처럼 공항소음피해지역 주민들은 수면권은 물론이고, 휴식과 학습 등의 지극히 평범한 일상생활조차 누리기 힘든 지경이다.

이 때문에 양천구는 국토부 및 한국공항공사에 항공기 심야 운항시간 1시간 축소 운영 및 현실성 있는 보상대책 수립 등을 지속적으로 건의하고 있다. 한 시간 동안 평균 15편 비행기 이용의 편리함을 위해 더 이상 공항소음피해지역 주민들에게 고통을 감내하라고 요구할 수는 없다. 공항이 있는 것을 알고도 이사 온 것 아니냐는 매몰찬 말로 피해 지역 도시 서민의 고통을 당연시 하는 것은 선진국에 진입한 대한민국의 태도는 아닐 것이다.

2,400%를 부과한다고 알려져 있다. 그러나 김포공항은 아직도 야간할증률을 적용하지 않고 있으며, 심야시간 할증률을 200% 적용하고 있을 뿐이다. 할증률 정책을 강화하여 야간 및 심야 이착륙을 축소해야 한다.

이 밖에도 야간시간에는 운항 항공기의 기종을 제한하는 경우도 있는데, 독일 프랑크푸르트공항은 22시간대와 05시간대 편성된 항공편은 챕터4(챕터3 기종보다 소음이 적음) 기종으로 한정하고, 22시부터 06시까지는 연평균 133편 이하로 운항을 제한하고 있다.

런던 히드로공항은 WebTrak(항공기 운항 정보를 실시간 모니터링하고 시각화할 수 있는 애플리케이션)을 운영하면서 실시간 항적, 과거 항적 정보와 소음정보를 결합해서 지도에 표시하고 있다. 소음측정 정보뿐만 아니라 항공기의 등록기호, 편명, 출·도착 공항, 기종, 고도, 속도, 이용 비행절차 정보가 제공되고 있는데, 이용자는 항공기를 클릭해서 규정위반 여부 등을 리포트하며 모니터링할 수 있다.

김포공항은 공항소음포털(https://www.airportnoise.kr/anps/main)을 통해 소음지도, 측정값, 소음기여도, 규제현황, 관련 법규, 소음대책피해 신청 등 제반 사항의 정보를 제공하고 있다

4부 | 가장 낮은 곳에서, 가장 깊은 마음으로

산길코스 _ 3

양천시티런

산길코스 _ 3

서서울호수공원을 지나 능골산 능선을 넘으면
신월3동 주거지로 들어선다.
양천구 18개 동 중 가장 아픈 손가락이다.

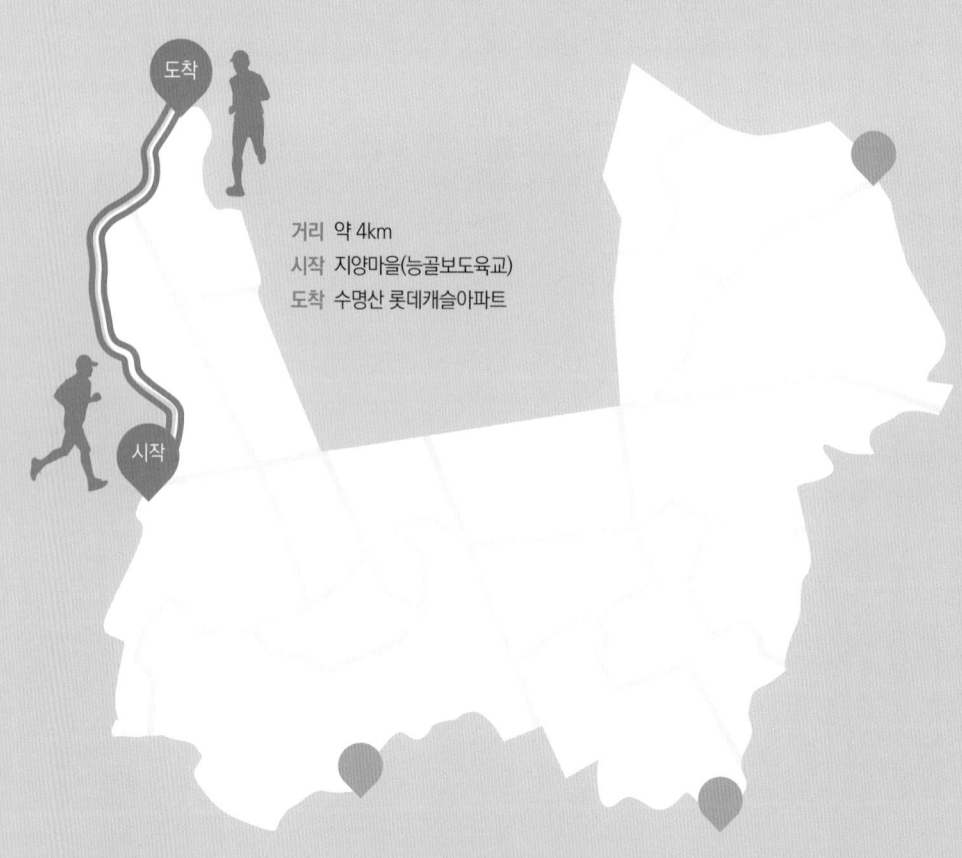

거리 약 4km
시작 지양마을(능골보도육교)
도착 수명산 롯데캐슬아파트

빨리 오래 뛰려면

42.195km를 한 번도 쉬지 않고 뛴다는 건 대서사시를 쓰는 것과 같다. 누구나 좋은 기록을 원한다. '즐런(즐거운 러닝)'을 말하던 사람도 대회가 가까워지면 욕심이 생긴다. 빨리, 그리고 오래 달릴 수 있어야 PB(개인 최고기록)에 다가갈 수 있다.

이를 위해선 두 가지가 필요하다. 하나는 짧고 빠른 러닝, 또 하나는 천천히 긴 러닝이다. 나는 대회를 준비할 때 보통 3개월 전부터 주 3~4회 훈련을 시작한다.

첫째는 인터벌 훈련이다. 짧은 거리를 최고 속도로 달리고, 일정한 휴식을 두면서 반복한다. 최대 심박수에 가까운 상태를 견디는 훈련으로 폐활량을 높이는 데 효과적이다.

둘째는 가속주. 보통 12~15km 정도를 달리는데 처음엔 천천히 출발해 1km마다 5초씩 속도를 높여간다. 자연스럽게 속도와 리듬을 끌어올릴 수 있는 방식이다.

셋째는 LSD(Long Slow Distance)다. 속도를 많이 낮추고 최소 하프

(21km) 이상을 달린다. 대회를 앞두고 30~35km 거리의 LSD를 최소 3회는 해야 풀코스를 완주할 체력을 만들 수 있다.

구청장이 된 뒤로는 일이 많아 새벽 시간을 제외하고는 훈련할 틈을 내기 어렵다. 저녁 시간의 일정은 어쩔 수 없지만, 새벽 운동은 결국 내 의지에 달려 있다. 전날 술자리가 있었더라도 어떻게든 새벽 4시 30분에 일어나 5시부터 러닝을 시작한다. 보통 주 3회 정도 달리면 한 달에 약 200km를 뛰게 되는데, 풀코스 기록을 단축하려면 300km는 달려야 한다.

양천구 '목동마라톤교실'에는 월 1,000km를 달리는 회원도 있다. 직장인이자 육아를 병행하는 일반인이지만 여러 대회에서 우승을 휩쓸었고, 지난 동아마라톤에서는 2시간 28분이라는 놀라운 기록을 세웠다. 선수 출신도 아닌 이 분을 보면 엘리트 체육과 생활체육의 경계가 점점 흐려지고 있다는 것을 실감한다.

인터벌 훈련은 목동운동장이 제격이다. 400m 트랙을 반복해 돌면 속도를 일정하게 유지할 수 있고, 시간도 정확히 측정할 수 있다. 새벽 5시부터 클럽별로 혹은 개인적으로 훈련하는 러너들이 많다.

과거에는 목동운동장이 서울시 시설이라는 이유로 클럽에 전기료를 징수했지만 시민 건강을 위한 운동에 그런 비용이 부담돼서는 안 된다고 생각했다. 그래서 서울시와 협의해 무료 개방을 이끌어냈다. 기존 오전 5시~7시였던 개방 시간도 8시까지 연장했다. 주차장 무료 개방도 추진했지만 서울시 기준상 어려워, 대신 양천구가 관리하는 한마음주차장을 무료로 이용할 수 있도록 했다. 새벽부터 열심히 달리고 낮에는 각자의 일터에서 충실하게 살아가는 양천구민들이 자랑스럽고, 그분들이 더 좋은 환경에서 운동할 수 있도록 계속 지원할 것이다.

민선 8기의 구정 방향 가운데 하나는 '건강한 도시'다. 그 목표 아래 생활체육 인프라 확충에 많은 공을 들여왔다. 해누리축구장의 잔디와 스탠드를 전면 교체했고, 안양천 야구장에는 전광판과 안전펜스를 설치했다. 파크골프 수요 증가에 맞춰 27홀 규모의 명품 파크골프장을 조성했고, 목동교 하부 공간에는 멀티스포츠존도 만들었다.

목동테니스장에는 날씨에 관계없이 이용할 수 있도록 실내 코트를 마련했고 계남·석산 족구장에는 인조잔디를 깔았다. 공원 곳곳에서 아침체조를 즐기는 주민들을 위해 체조 강사 처우 개선에도 힘썼다. 양천구 체육회 산하 28개 종목단체를 완벽히 지원하진 못하지만 가능한 범위 내에서 최선을 다하고 있다.

양천구는 교육을 중심으로 한 주거도시다. 하지만 진정으로 살기 좋은 도시는 교육뿐 아니라 여가와 취미생활이 풍성하게 뒷받침되어야 한다. 그 핵심은 세 가지라고 본다. 생활체육, 문화예술, 평생학습.

이 세 가지를 균형 있게 갖추고, 누구나 누릴 수 있도록 행정이 돕는다면 양천은 누구나 살고 싶어 하는 도시로 기억될 것이다.

신월동에서 만나는 추억

지양산을 내려오면 러닝 코스는 지양마을에서 끝난다. 산등선은 경인 고속도로에 가로막혀 더는 이어지지 않는다. 그래서 자연스럽게 마을로 내려오게 된다. 신월7동이다. 도로 건너 신월3동과 함께 대표적인 서민 주거지역. 특히 신월7동은 양천구 18개 동 가운데 노인 인구 비중이 가 장 높다. 그만큼 도시의 옛 모습이 고스란히 남아 있다.

50년 전, 내가 살던 서울 남가좌동의 골목길도 그랬다. 낡은 주택과 좁은 골목, 벽돌집 사이로 이어지던 담장들. 그런 장면들이 신월7동을 걷다 보면 문득 떠오른다.

내가 태어난 곳은 경기도 시흥군 남면, 지금의 군포시 산본동이다. 군 포초등학교를 다니다 서울로 이사 와, 모래내시장이 있는 서대문구 남가 좌동에서 어린 시절을 보냈다.

어린 나이에 서울로 올라왔기에 고향인 군포에 대한 기억은 많지 않 다. 게다가 산본 신도시 개발로 추억의 장소들은 자취를 감춰버렸다.

남가좌동 역시 마찬가지다. 가좌뉴타운이 들어서면서 살았던 주택가가 아파트 단지로 바뀌었다. 주택가 골목은 우리들의 놀이터였다. 구슬치기, 공차기, 자치기… 값비싼 놀이기구 하나 없어도 마냥 즐거웠다. 많은 서울시민이 그렇듯 여러 이유로 마포, 영등포, 용산, 도봉, 강동, 동작을 거쳐 지금의 양천까지, 나는 수많은 동네를 옮겨 다니며 살았다.

그 도시들에서 살았던 흔적을 찾긴 쉽지 않다. 그만큼 세월의 변화 속에 도시는 다양한 모습으로 발전했다. 그래서 옛 모습을 그대로 간직한 신월동은 특별하다. 시간의 흔적이 고스란히 남아 있고, 풍경 속에는 어린 시절의 기억이 겹쳐진다.

신월7동의 반지하 주택과 낡은 벽돌집, 간판이 바랜 상점들은 잊고 지냈던 기억을 다시 끄집어낸다. 단칸방에서 보낸 유년 시절은 분명 가난했지만 그 안에는 가족의 온기와 소박한 희망이 있었다. 반지하에 산다는 것이 특별한 일도 아니었고, 친구들도 다 비슷했기에 부끄러움도 없었다. '공통된 가난' 속에서 사람들은 서로를 더 잘 이해했고, 그래서 더 따뜻할 수 있었다.

그러나 지금의 신월동 골목엔 아이들의 웃음소리보다 어르신들의 천천한 걸음이 더 익숙하다. 세월이 흐르며 사람도 도시도 함께 늙어간다. 고향처럼 느껴지는 이 동네도 이제는 변화의 기로에 서 있다. 신월7동은 시영아파트와 7-1구역 민간재개발, 7-2구역 공공재개발, 신안파크·길훈

아파트 재건축 등을 통해 대부분이 현대식 아파트 단지로 바뀔 예정이다.

추억이 깃든 풍경이 사라지는 것이 아쉽지만 지금 이 순간도 언젠가 또 다른 추억이 될 것이다. 그리고 아무리 정겨운 골목이라도 소방차 한 대 진입하기 어려운 주거환경을 그대로 둘 순 없다. 삶의 기억은 남기되 사람의 안전과 존엄이 먼저인 도시로 거듭나야 한다.

어르신들이 편안하시게

길훈아파트가 눈에 들어온다. 신안파크아파트와 함께 통합 재건축이 추진 중인 단지다. 이곳은 '차별 없는 경로당 물품 지원' 정책이 태동한 곳이기도 하다.

양천구에는 총 156개의 경로당이 운영되고 있다. 이 중 46곳은 구립이고, 나머지는 아파트 단지에 딸린 사립 경로당이다. 구청장이 된 후, 시간날 때마다 경로당을 직접 찾아 어르신들의 일상을 살피고 있다.

길훈아파트 경로당을 방문했던 날이 기억에 남는다. 어르신들은 내 손을 꼭 잡으며 이곳저곳을 가리키셨다.

"이 소파는 누가 이사 가면서 버린 걸 주워왔고요, 저 탁자는 작년에 주운 거예요."

내부를 둘러보니 부러진 선풍기는 청테이프로 간신히 고정돼 있었고, 텔레비전은 '요즘 세상에 저런 것도 남아 있나' 싶을 만큼 오래된 것이었다.

구청으로 돌아와 담당 부서에 물었다. 돌아온 답은 이랬다.

"구립 경로당에는 예산 지원이 가능하지만 사립 경로당에는 지원이 어렵습니다."

원칙적으로는 맞는 말이었다. 하지만 임대아파트나 서민 아파트 단지의 현실을 생각하면 경로당을 주민들이 자력으로 챙기기엔 턱없이 벅찬 일이다.

"구립 경로당의 어르신과 사립 경로당의 어르신은 다른 분들인가요?"

그런 차별이 부당하다고 판단했다. 곧바로 조례 개정에 착수했고, '차별 없는 경로당 물품지원' 정책이 만들어졌다.

구립 경로당들도 상황은 열악했다. 동네 소공원 한 귀퉁이에 2층짜리 가설건물로 지어진 경우가 대부분이었고, 30년이 넘는 건물은 사실상 건축물로서의 기능을 다하고 있었다. 특히 2층은 계단을 올라야 해 다리가 불편한 어르신들에겐 접근조차 어려웠다. 요즘 건축의 기본인 무장애 설계 개념은 여기선 사치였다.

그래서 모든 경로당을 전수조사하여 13곳을 증개축하기로 결정했다. 하지만 또 다른 벽이 있었다. 소공원에 들어서는 건축물은 공원 면적의 5% 이내로 제한된다는 규정이었다. 30년을 내다보고 짓는 공간이라면, 최소 3층 규모에 경로식당과 프로그램실, 엘리베이터까지 갖춰야 한다. 장애인을 위한 넓은 화장실과 샤워실도 필요하다. 이 모든 걸 면적 5%

안에 담는 건 불가능했다.

서울시에 협조를 요청했지만, 돌아온 건 원론적인 답변뿐이었다. 공원을 지켜야 한다는 말은 이해되지만 현실을 반영하지 않는 기준을 앵무새처럼 반복하는 모습에 실망감이 컸다. 법규를 지켜 새로 지은 경로당 시설은 깨끗했지만, 실내 공간은 턱없이 좁아졌다. 어르신들이 "건물 시설은 좋은데 방이 좁아졌다"고 아쉬움을 얘기하실 때마다 마음이 아팠다.

이제 경로당은 단순한 쉼터를 넘어, '작은 복지관'으로 진화하고 있다. 시대 변화에 발맞춰 지역 종합사회복지관과 경로당 몇 곳을 연결해 복지관의 다양한 프로그램이 경로당 안으로 직접 찾아가도록 했다. 어르신들도 더 이상 예전의 어르신들이 아니다. 스마트폰은 물론, 각종 기기들을 능숙하게 다루며 새로운 세상과 자연스럽게 연결되고 있다.

그래서 2024년에는 10곳의 '스마트 경로당'을 시범 운영했고, 2025년엔 20곳으로 확대했다. 지금은 총 30개 경로당에 스마트TV가 설치되어 있다. 어르신들이 실시간으로 체조 강사의 동작을 따라 같은 시간에 같은 운동을 하실 수 있다. 화상회의처럼 경로당들이 하나의 네트워크로 연결되어 어르신들은 운동 중에도 웃으며 안부를 묻고, 몸을 움직이며 교감한다.

나는 믿는다. 이제 어르신들은 충분히 누릴 자격이 있다. 일제강점기의 억압과 6·25전쟁, 초근목피의 가난을 견디며 나라를 지켜오신 분들이다. 그분들의 피와 땀이 있었기에 지금의 대한민국이 가능했다. 그러니 이제는, 노후라도 편안하고 즐겁게, 존중받으며 살아가실 수 있어야 한다. 지금의 풍요를 누리는 우리 모두가 마땅히 지켜야 할 도리이다.

가장 아픈 손가락, 신월3동

서서울호수공원을 지나 능골산 능선을 넘으면 신월3동 주거지로 들어선다. 양천구 18개 동 중 신월3동은 가장 아픈 손가락이다. 머리 위로 비행기가 가장 낮게 지나가며 비행기 소음을 마치 배경음악처럼 달고 사는 동네다.

항공기 이착륙 경로를 따라 길게 늘어선 소음피해지역은 그 강도에 따라 '가·나·다 지구'로 나뉘는데, 그중에서도 '가지구'는 소음도가 극심하다. 주거 자체가 불가능하다는 판단 아래, 한국공항공사에서는 주민의 매매 의사가 있는 경우 감정가로 주택을 매입하고 있다.

하지만 현실은 녹록지 않다. 감정가는 기대보다 낮고 그 금액으로는 다른 지역에 이사할 여력이 안 된다. 게다가 공항공사의 매입 예산도 한정돼 있어 지금까지 매입이 완료된 집은 20채 남짓에 불과하다.

'주택을 사준다'는 말은 곧 이곳이 사람이 살기 어렵다는 의미이기도 하다. 이런 상황을 공항공사의 재정에만 맡겨두기보다는 중앙정부와 서울시가 보다 과감한 이주 정책을 마련해야 한다고 믿는다. 재건축·재개발로 공급되는 임대주택의 입주권을 보장해서 주거불안을 해소해준다면 이주는 훨씬 원활해질 수 있다. 그렇게 생긴 빈 땅에 소음 영향을 덜 받는 물류단지나 산업단지를 조성하는 것도 하나의 방안일 것이다.

지금 당장은 구청장의 권한으로 해결할 수 없기에 우선 공항공사가 매입한 주택들을 활용해 '공방거리'를 조성하려고 한다. 사람의 온기가 빠져나간 주택을 그대로 두면 동네는 급속히 슬럼화된다. 그렇다면 거꾸로 젊은 층을 유입시켜 다시 온기를 불어넣는 것이 필요하다.

공방은 젊은 창작자들이 모여드는 공간이다. 목공예, 도자기, 비즈공예, 가죽공예 등 소규모 창업이 가능하고 이들이 만들어내는 작은 일자리와 감성은 동네에 생기를 돌게 한다. 그 흐름은 곧 인근 상권으로 퍼지고, 골목마다 다시 활력이 감돌게 될 것이다.

우선 공항공사를 설득해서 '공예창작센터'를 지을 건물을 얻어냈다. 거기서부터 공방거리가 시작되고 번질 것이다. 특색 있는 거리가 만들어지는 건 많은 시간이 걸리겠지만 그 또한 어딘가에서 시작되는 것이다. 그렇게 공방거리를 위한 씨앗을 심었다.

신월3동의 오래된 주택가 골목을 달리다 보면, 시간의 흐름이 잠시 멈춘 듯한 착각에 빠지게 된다. 비좁은 골목길 양옆으로 이어진 낮은 지붕들, 곳곳이 벗겨진 벽면의 페인트, 유난히 낮게 드리운 전깃줄 사이로

신월동 골목에 들어서면
어린시절의 기억,
우리가 함께 살아낸 시간의 조각들이
뭉근한 정서와 세월의 질감으로 느껴진다.

햇살이 비집고 들어온다. 어디선가 들려오는 텔레비전 소리, 마당에 펄럭이는 이불과 빨래, 마주 오는 이웃의 인사까지 모든 것이 낯설지 않고, 오히려 친근하게 마음을 두드린다. 그 풍경은 어린 시절의 기억, 우리가 함께 살아낸 시간의 조각들을 조용히 꺼내어 놓는다.

그 오래된 골목길엔 세월이 새겨진 벽돌과 시멘트 틈새마다 삶의 흔적이 담겨 있다. 창틀에 걸린 다육이 화분, 골목 모퉁이에 자리한 의자 하나, 그 위에 앉아 햇볕을 쬐는 어르신의 눈빛은 말을 하지 않아도 깊은 이야기를 품고 있다. 그곳은 누군가의 유년이 머물던 자리였고 누군가의 청춘이 흘러간 길목이며, 또 지금도 누군가의 하루가 시작되고 마무리되는 삶의 공간이다.

요즘 도시에는 그런 공간이 점점 사라지고 있다. 반듯하게 뻗은 아파트 단지에서는 그런 종류의 향수나 감정의 굴곡을 느끼기 어렵다. 새롭고 편리한 공간은 사람들에게 안락함을 제공하지만, 오래된 공간이 주는 뭉근한 정서, 세월이 켜켜이 쌓인 질감은 대신할 수 없다. 반지하방의 불편함 속에서도 함께 밥을 지어먹던 어머니의 손길, 좁은 마당에서 고무줄놀이하던 친구들, 자갈길을 따라 뛰던 발소리 하나하나가 지금의 나를 만들었듯 이 오래된 동네도 누군가의 인생에 깊이 각인된 '집'이었을 것이다.

제인 제이콥스는 『미국 대도시의 죽음과 삶』이라는 책을 통해 "거리의 표정은 도시의 건강을 말해준다. 무표정한 거리에는 생명이 없다"고 말하며, 아파트 중심의 현대 도시를 비판했다. 그녀는 사람의 눈으로 촘촘히 살피는 거리, 사람들이 반복적인 접촉 관계로 유지하는 공동체가 살아 있는 도시를 만들어야 한다고 강조했다.

그녀의 책에 묘사되는 도시의 모습은 신월3동이 그대로 간직하고 있다. 그곳에서 나 또한 진한 향수를 느낀다. 미래 도시와 정이 넘치는 거리 풍경은 공존할 수 없는 것인지, 스스로 자문한 적도 많다. 하지만 제이콥스의 책이 도시재생론자의 교과서가 되고, 개발 반대의 지침이 되듯 도시개발과는 양립하기 어려운 간극이 있다는 것도 느낀다.

추억이 소중하고 향수가 아름답지만 위험하고 불편한 도시 환경을 조금씩 고쳐 쓰자는 주장에는 동의할 수 없다.

도시재생이라는 희망고문

　신월3동만큼 극심하지는 않더라도 다른 신월동 지역의 오래된 주택지 역시 비슷한 현실에 놓여 있다. 세상은 변했지만, 이곳의 주거 환경은 변하지 못했다. 주차장도 부족하고 공원도 멀고 복지시설은 부족하다. 도로는 좁고 낡았으며, 비가 오면 물이 고이고 밤이면 어둡다. 도시기반 시설이 부족하다는 이유로 각종 지원정책에서도 뒤처지기 일쑤다. 주민들은 그저 버티고 있을 뿐이다.

　한때 도시재생사업은 그런 이웃들에게 희망이었다. 전면 개발이 서민을 도시 밖으로 내모는 부작용을 우려하면서 대안으로 떠오른 것이 도시재생이었다. 2011년 보궐선거로 취임한 박원순 서울시장은 2012년 1월 '서울시 뉴타운·정비사업 신정책구상'을 발표하며 "개발이 아닌 재생을" 슬로건으로 내걸었다. '사람 중심', '마을 중심'의 도시재생, 공동체 회복과 삶의 질 향상이라는 따뜻한 비전을 제시했다.

　그 청사진은 '원주민의 삶을 지키는 개발'이라는 희망을 품게 했다.

신월동도 예외는 아니었다. 그러나 그 희망은 곧 현실의 벽에 부딪혔다. 민간 참여가 적은 구조, 재정과 인력의 한계, 성과가 더딘 사업 속도는 기대감을 점점 실망감으로 바꿔놓았다. 주민들은 바뀐 게 없다고 느꼈고 남은 건 허울뿐인 간판과 프로그램뿐이었다.

'서울형 도시재생사업'이란 이름 아래 창신·숭인동, 성수동, 해방촌, 장위동, 상도동, 그리고 목동, 신월동 등지에서 사업이 진행됐다. 커뮤니티 공간, 마을활동 프로그램, 골목길 정비 등이 주를 이뤘지만 정작 삶의 질을 바꾸기에는 역부족이었다. 신월동의 경우 신월5동 해오름주민공동체, 신월1동 곰달래꿈마을공동이용시설이 조성됐지만 일부 주민만 사용하는 저이용 시설이 되고 말았다.

그래서 그 시설들을 신월평생학습센터와 신월문화예술센터로 재편했다. 주민들이 학습과 문화, 여가 프로그램의 실질적인 혜택을 누릴 수 있게 만들었다. 공동체 재생도 결국 다수의 사람을 위해, 다수가 원하는 것을 할 수 있을 때 의미가 있다고 생각했기 때문이다.

돌이켜보면 도시재생이라는 이름으로 흘러간 10년은 신월1동, 신월3동에는 정체의 시간이기도 했다. 도시를 재생한다는 것은 결국 도시의 기능을 회복시키는 일이다. 30년 전 기준으로 조성된 지역은 현 시대의 삶을 담기 어렵다. 자동차는 많아졌고 집 안에는 대형 가전제품이 늘어났으며, 도로는 소방차가 지나갈 수 있어야 하고 골목은 밝아야 한다.

하지만 박원순 시장의 도시재생은 그런 변화에 맞춘 근본적 재설계가 아니었다. 외관을 칠하고 담장에 벽화를 그리고 커뮤니티 공간 몇 곳을 더한 수준이었다. 정작 필요한 것은 변화된 삶을 담는 구조의 변화였지만 현실은 시간만 지연시킨 산소호흡기 재생에 그쳤다.

도시재생은 공공 주도라는 특성도 한계로 작용했다. 서울시나 자치구의 재정과 역량으로는 도로나 하수도 개선 등 기반시설 일부만 손댈 수 있을 뿐, 주거지를 근본적으로 바꾸기에 역부족이다. 국회의원이 도시재생 예산 수백억 원을 받아왔다고 하면 크게 느껴질 수 있지만, 실상은 주민편의시설 하나 짓고 주차장 몇 면을 추가하는 정도다. 마을길 정비, 벽화 그리기, 주민 프로그램 등은 미관 개선엔 도움이 될 수 있지만, 주거환경의 본질은 바꾸지 못했다.

게다가 이 사업은 단기 예산에 기반한 프로젝트 성격이 강했다. 대부분 4~5년 안에 성과를 내야 하고 예산이 끊기면 프로그램도 멈춘다. 지속가능한 구조가 아니었다. 공동체 강화, 마을기업 육성 같은 목표도 시간이 지나면 흐지부지되고 결국 원점으로 되돌아갔다. 도시재생 이후 오히려 낙후지역 이미지가 고착된 곳도 많았다.

참여 방식에도 문제는 있었다. 도시재생은 주민 참여를 핵심 가치로 내세웠지만 실제로 참여한 주민은 극히 일부였다. 대부분 마을활동가나 프로그램 운영자 중심으로 구성되었고 정작 다수 주민은 배제되었다. 주민들의 고민은 주거환경의 실질적 개선이었지만 회의와 프로그램에선 체감되는 변화가 없었다.

도시재생지원센터 등 중간지원조직 역시 전문성과 책임성 논란이 있었다. 예산 운영의 투명성과 사업 관리도 미비했고, 공공이 이를 제대로 통제하지 못했다. 결국 '주민 참여'는 있었지만, '주민 공감'은 없었다.

무엇보다 치명적인 문제는 도시재생이 가짜 재생이었다는 점이다. 진짜 재생은 주거 환경을 바꾸는 것이다. 민간이 개발에 참여할 수 있게 사업성이 담보되어야 한다. 사업성 없는 지역은 민간이 뛰어들 수 없고, 결국 겉만 바꾸는 공공사업에 그친다. 정작 주민이 바라는 건 벽화나 카페가 아니라 '안전하고 깨끗한 집'이다.

그리고 도시재생이 시작되면 일정 기간 재개발 구역 지정도 어렵다. 예산 중복 지원이 불가능하다는 이유로 개발은 더 멀어지고 도시는 정체 상태에 빠지게 된다. '도시재생이 들어오면 개발은 멀어진다'는 인식이 자리 잡은 것도 이 때문이다.

재개발의 목적이 도시재생이지만 현실에서는 재개발을 막는 수단으로 도시재생이 활용된 경우가 많았다. 그로 인해 주민 간 갈등이 커졌고, 결국은 대안 없는 재생이 반복되며 불신만 남게 되었다.

이제는 유연한 전략이 필요하다. 신월동처럼 고도제한을 받는 지역은 일반 도시계획의 틀에서 벗어나야 한다. 예외지구를 지정해 용적률 상향, 기부채납 면제, 세제 혜택 등으로 민간의 참여를 이끌어내야 한다. 지금 이야말로 진짜 도시재생, 삶을 바꾸는 재생의 첫걸음을 내디딜 때다.

서민 주택지의 해법, 모아타운

뉴타운 해제 이후, 서민 주택지는 조용히 그러나 빠르게 빌라로 채워지고 있다. 개발이 멈춘 자리에 들어선 것은 단독주택 두 필지를 사들여 세운 빌라 한 동. 그렇게 늘어난 빌라들 사이로는 여전히 좁은 골목길이 이어지고 주차장은 턱없이 부족하며 공원 하나 들어설 자리조차 없다.

그나마 가로주택정비사업이라도 진행되면 다행이지만 그조차 기존 도로 체계를 그대로 유지한 채 신축을 진행하다 보니 근본적인 주거환경 개선이 어려운 실정이다. 이런 현실 속에서 등장한 것이 바로 '모아타운'이다.

오세훈 서울시장은 대규모 정비사업이 어려운 노후 저층주거지를 대상으로 '모아주택'이라는 새로운 모델을 제안했다. 일정 규모 이상(1,500㎡ 이상)의 노후 주택지를 주민 자율로 묶고, 이를 큰 단위로 정비하는 방식이다. 이를 '모아타운'이라 부른다. 개별 주택을 교체하는 수준을 넘어, 블록 단위로 도로, 공원, 주차장 등 기반시설까지 함께 정비할 수 있는 새로운 틀이다.

새벽 4시 30분에 일어나
5시부터 러닝을 시작한다.
저녁시간의 일정은
어쩔 수 없지만
새벽운동은 결국
내 의지에 달려 있다.

모아타운은 전통적인 재개발과는 다르다. 절차가 간소하고 속도감 있게 추진할 수 있다는 것이 가장 큰 장점이다. 정비계획부터 추진위원회, 조합 결성, 관리처분계획 인가까지 모든 과정이 작고 유연하다.

가장 큰 변화는 행정 주도가 아니라 '주민 주도'라는 점이다. 주민 스스로 참여하고, 직접 계획을 세운다. 그 과정에서 갈등은 줄고 마을의 '진짜 필요'가 반영된다. 무엇보다 이 방식은 공동체를 해치지 않는다. 원주민이 머물 수 있도록 임대주택과 분양우선권을 보장하고, 이탈을 최소화한다.

이웃과 함께 계획하고 함께 바꾸어가는 과정에서 공동체의 결속도 높아진다. 작은 변화에서 시작해 마을 전체를 바꾸는 힘은 주민 스스로의 '주인의식'에서 나온다. '내 마을은 내가 만든다'는 이 마음이야말로 도시재생의 가장 강력한 자산이다.

양천구에서도 신월3동, 신월1동, 목4동을 모아타운으로 지정하고 정비계획안을 수립했다. 목2동은 현재 계획을 수립하고 있다. 전면 재개발이 어려운 지역에서 모아타운은 현실적인 대안이자 희망의 불씨다. 하지만 사업은 생각만큼 순조롭지 않다. 계획안은 수립되었지만, 실제 추진은 주민의 동의가 전제되어야 한다.

문제는 사업성이다. 건축비는 하늘을 찌르고 분담금은 주민의 어깨를 누른다. "그냥 이대로 살고 싶다"는 어르신들의 목소리는 무겁고 현실적이다.

또 하나의 걸림돌은 상가주택. 빌라 골목마다 들어선 상가주택의 건물주들이 반대에 나선다. 재개발이 진행되는 동안 기존 상가의 임대가치가 흔들리기 때문이다. 결국 아무리 좋은 제도라도 사업성이 뒷받침되지 않으면 한 발짝도 나아가기 어렵다.

해법은 분명하다. 모아타운이든 공공재개발이든 방식은 중요하지 않다. 서민 주거지를 개선하려면 현실을 직시하고 과감한 대책을 세워야 한다. 파격적인 용적률 인센티브, 공공시설 건립에 대한 국가의 부담, 상가주택에 대한 현실적인 보완책. 이런 문제를 해결해야 도시의 얼굴을 바꾸고, 서민들의 삶을 지키는 진짜 도시재생이 이뤄질 것이다.

1968년의 어머니를 생각하며 산다

　정치는 결국 약자의 눈물을 닦아주는 일이다. 내가 학생운동에 몸을 던졌던 것도 그런 마음에서 비롯되었다. 불의한 권력에 분노했고 억눌린 이들의 고통에 가슴이 저렸다. 방법은 서툴렀고, 때로는 방향도 빗나갔지만 세상을 바꾸고 싶다는 간절한 마음만큼은 지금도 내 안에 살아 있다.

　그리고 지금 나는 '구청장'이라는 자리에 서 있다. 누군가에게는 작지 않은 권력일지도 모른다. 그래서일까. 나는 더 자주, 더 깊이 나 자신을 돌아본다. 권력의 문턱에서 가장 먼저 떠오르는 얼굴은 다름 아닌, 1968년 어느 겨울 아침의 어머니 모습이다.

　그해, 나는 태어난 지 겨우 백일이 지난 아기였다. 하루아침에 우리 가족에게 시련이 닥쳤다. 아버지가 벽돌을 지게에 진 채 기찻길을 건너다 열차에 스치면서 수십 미터를 끌려가 중상을 입으셨다. 군포에는 제대로 된 병원이 없어서 급히 서울로 옮겼고, 다행히 목숨은 건지셨다.

　어머니는 나를 등에 업은 채 서울의 병원으로 달려가셨다. 병상에 누운 아버지는 얼굴만 빼고 마치 미라처럼 온몸이 붕대에 감겨 있었다고 한다. 그때 어머니의 나이 겨우 서른셋이었다. 아직 어린 딸 넷과 백일이

갓 지난 막내아들 하나. 앞이 캄캄했을 것이다. 그리고 곧 아버지 없이 다섯 아이를 키워야 할지 모를 현실에 얼마나 무서우셨을까.

결국 어머니는 딸 둘을 친정에 맡기기 위해 기차를 탔다. 아들을 업고, 딸 넷을 키우며 길거리에서 옥수수 장사를 하면서 생계를 이어갈 순 없었다. 돌아오는 길에 외할아버지가 쌀 한 봉지를 주시면서 "잘 버티라"며 눈물을 흘리셨다고 한다. 딸 둘을 맡기고 돌아오는 기차 안에서 어머니는 "평생 그렇게 많이 울어본 적이 없다"고 회상하셨다.

그 이야기를 들을 때마다 나는 울컥한다. 백일이 지난 아이 하나, 어린 딸 넷. 하늘이 무너지는 절망 속에서도 꿋꿋이 앞을 향해 걸어야 했던 한 여인. 아무도 손 내밀어주지 않던 그 길을 오직 자신의 두 다리로 걸어야 했던 어머니.

나는 오늘도 그런 분들의 삶을 떠올리며 일한다. 누군가가 딛고 일어설 수 있도록 한 번은 손을 내밀어주는 제도, 그 손을 꼭 잡아주는 행정이 있어야 한다고 믿는다.

구청장이 되고 나서 우리 사회의 복지 제도를 하나하나 살펴봤다. 생각보다 촘촘하게 설계되어 있고 해마다 그물망은 더 정교해지고 있다. 생계, 의료, 주거, 교육을 포함한 기본적 보호체계는 자리잡았고, 양천구에도 기초생활보장 수급자가 42,984명, 전체 인구의 약 10%에 달한다. 위기 상황에 처한 분들을 위한 긴급복지지원제도는 정부와 서울시 예산으로 구청에서 집행하고 있다.

하지만 현실의 목소리를 들으면 여전히 아쉬움이 남는다. 기준은 세세하지만 때로는 너무 엄격하고, 절차는 체계적이지만 복잡하며, 지원은 넓게 펼쳐졌지만 깊이는 부족하다. 제도는 존재하지만 그 제도가 실제 삶의 고비에서 충분히 힘이 되어주는지는 계속 고민스럽다.

그래서 사례관리 평가에서 개인의 사정이 충분히 반영되도록 양천복지재단에 지원의 빈틈을 메우라고 지시했다. 돌봄 서비스도 서울시 돌봄 SOS, 국가 일상돌봄제도를 활용해 식사 배달, 주거편의, 일시재가, 동행 지원 등으로 세심하게 접근하고 있다.

제도 자체는 충분히 의미 있고 정부가 만든 복지의 틀도 분명 진전되고 있다. 다만 그 혜택이 가장 필요한 사람들에게 더 빠르고 더 가깝게 더 따뜻하게 닿을 수 있어야 한다. 누구보다 먼저 손을 내밀 수 있도록 행정은 더 유연하고 섬세해져야 한다. 복지는 보여주는 것이 아니라 느껴지는 것이어야 한다. 손에 잡히고 마음에 닿는 것 그것이 진짜 복지다. 1968년의 내 어머니처럼, 지금도 누군가는 기차역 플랫폼에서 쌀 한 봉지를 들고 눈물을 삼키고 있을지 모른다. 그때 아무도 잡아주지 못한 손을 오늘의 제도가 오늘의 행정이 잡아줄 수 있어야 한다. 복지란 그렇게 가장 낮은 곳에서 가장 먼저 도달해야 할 손길이다.

피·땀·눈물을 먹고 피어난 꽃

　구청장으로 일하다 보면 어르신들을 자주 뵙는다. 명절이면 경로당을 찾고, 어르신 복지관에서 프로그램을 함께하고, 삼계탕을 나누는 봉사 현장에서, 장수문화대학과 보훈행사에서도 어르신들을 만난다. 그 자리에 설 때마다 늘 같은 인사말을 건넨다.

　"어르신, 이 나라가 이렇게 부유해진 건 젊은 시절 피 흘려 나라를 지키고, 땀 흘려 일하신 어르신들의 희생 덕분입니다. 자식 세대가 더 나은 삶을 살기를 바라며 주린 배 움켜쥐고 아이들 학비를 감당해 오신 그 세월, 저희는 그렇게 키워진 세대입니다. 남은 여생만큼은 저희가 책임지고 편안하게 모시겠습니다. 그리고 저희 자식들에게도 부끄럽지 않은 나라를 물려주도록 노력하겠습니다."

　빈말이 아니다. 내 삶의 경험에서 나온, 가슴 깊이 우러나오는 진심이다.

　어르신들을 보면 자연스레 내 아버지와 어머니의 얼굴이 떠오른다. 나는 부모님을 대하듯 진심을 다한다. 우리 부모님 세대가 대부분 그러했듯 아버지와 어머니도 가난과 고단함 속에서 자식들에게 더 나은 미래를 물려주기 위해 살아왔다.

아버지는 기차 사고 이후에도 몇 번이나 죽음의 문턱을 넘었다. 간경화로 쓰러졌고, 교통사고로 크게 다쳤으며, 전기에 감전돼 생사를 오갔고, 직장암 투병까지 겪었다. 그럼에도 끝내 살아남으셨다. 그 모든 고비를 이겨낸 힘은 가족을 부양해야 한다는, 자식들을 지켜야 한다는 굳은 책임감 때문이었을 것이다.

그런 아버지의 빈틈을 채우기 위해, 어머니는 온몸으로 가족을 감쌌다. 시장에서 노점을 하고, 공장 식당일을 마다하지 않고, 파출부로 일하며 가족의 생계를 떠안았다. 당신 손에 든 빵 한 조각까지 자식의 끼니가 먼저였던 분이다.

그 시절 누나들은 어린 나이에 봉제공장에서 미싱을 돌렸다. 형편이 가장 어려웠던 시기, 책가방 대신 재봉틀 앞에 앉아야 했던 누나들의 이야기를 들을 때면 자연스레 고개가 숙여진다. 한참을 울고 나서야 말을 잇곤 했다. 지독한 가난의 그림자가 온 가족을 짓눌렀던 그 시절, 부모님과 누나들의 땀과 눈물 위에서 나는 그나마 배움을 이어갈 수 있었다.

가끔 가족이 모여 옛이야기를 나누다 보면, 먼저 누나들이 울고, 부모님이 따라 우시고, 결국 모두가 울게 된다. 그 슬프고도 뜨거운 시간들이, 불과 사오십 년 전의 이야기라는 것이 믿기지 않을 때가 있다.

그 험한 시대를 버텨낸 부모님 세대와 누님 세대의 희생 덕분에 대한민국은 전쟁과 절망을 딛고 경제 강국으로 자리잡았다. 가장 가난했던 나라가 이제는 원조를 베푸는 나라가 되었다. 그 모든 변화는 누군가의 희생과 인내에서 비롯되었다. 우리는 그 고마움을 잊지 말아야 한다. 그리고 살아 계실 때, 그 희생에 진심으로 보답해야 한다.

다행히 지금은 누님들도 각자의 자리를 잡아 안정된 삶을 살고 있고, 부모님은 92세, 89세의 연세로 여전히 자식들 곁을 지켜주고 계신다. 마음속으로는 늘 잘해야지 다짐하면서도, 막상 현실에선 뜻대로 되지 않는다. 어머니는 가끔 "자식 잘 키워서 나라에 줘버렸지"라며 혀를 차시곤 하지만 그 말 속엔 서운함보단 자부심과 격려가 함께 담겨 있다. 귀하게 키운 아들은 가끔 얼굴만 비추고, 부모님 곁은 결국 그 시절 고생을 함께 견뎌낸 누님들이 지키고 있다.

가족이라는 울타리는 외부에서는 다 알 수 없는 그 가족만이 가진 사연과 사랑이 있다. 그 따뜻한 공동체가 사회를 지탱하는 힘이다. 나 또한 아내와 두 아들을 둔 가장으로서 내 몫의 책임을 다하려 애쓰고 있다.

내 부모님의 고민이 자식의 끼니 걱정, 학비 걱정이었다면 내 고민은 다르다.

'다음 세대에게 어떤 나라를 물려줄 것인가.' '부모님 세대가 전쟁과 가난 속에서도 나라를 일으켜 세웠다면 나는 그 위에 무엇을 더 쌓아야

하는가.'

청년들이 국민연금 개혁을 요구하는 이유, 국가 부채가 1,400조 원을 넘어서는데도 여전히 빚내서 인심 쓰는 정치에 분노하는 그 눈빛을 보며 묻는다.

우리 세대가 민주화를 이루었다는 자부심이 오만으로 보이지 않기 위해 우리는 어떤 나라를 만들어 자식 세대에게 건넬 것인가. 그 답을 찾는 각성이 지금 이 시대를 사는 우리의 가장 절박한 과제다.

의식주 레벨업 서비스의 시작

　복지제도를 운영하면서 늘 마음에 걸리는 것이 있다. 우리가 만든 사회안전망은 충분히 촘촘한가, 변화하는 시대에 맞춰 지금의 제도는 잘 작동하고 있는가, 그 답을 책상 앞에서 찾기는 어렵다고 느꼈다. 그래서 현장에서 주민들과 가장 가까이 마주하는 복지사들을 만나보기로 했다.

　양천구 18개 동에서 근무하는 사회복지사들을 한자리에 초대했다. 복지 현장에서 마주하는 어려움이 무엇인지, 구청이 무엇을 도와야 하는지 차분히 귀를 기울였다. 간담회 자리에서 나온 가장 절실한 이야기는 '반찬'이었다.

　"어르신들이 가장 필요로 하는 건 영양가 있는 반찬이에요."

　햇반 같은 즉석밥은 스스로 챙기시는 분들이 많은데, 정작 반찬이 없어 끼니를 거르는 경우가 많다고 했다. 특히 혼자 사시는 남성 어르신일수록 반찬 마련에 더욱 취약해서 라면을 달고 사신다고.

　"냉장고를 열어보면, 썩어가는 김치 한 통 외엔 아무것도 없어요"라는 말에 가슴이 찡했다.

복지관 경로식당에서 영양을 갖춘 식사를 제공받는 어르신은 많지 않다. 일부 봉사단체가 도시락이나 반찬을 전달하고 있지만 단발성 행사에 그치기 일쑤다. 정기적이고 안정적인 지원이 절실한 상황이었다.

또 하나 마음에 남은 이야기는 '주거환경'이었다. 안부 확인차 방문한 어르신 댁에서 마주한 모습들은 복지사들의 눈에도 낯설고 충격적이었다.

"도배와 장판은 곰팡이로 뒤덮였고, 창틀엔 거미줄이 얽혀 있어요. 방 안은 온통 쓰레기인데, 그 속에서 겨우 누울 공간 하나 만들어 주무세요."

이야기를 들으면서, 단순한 지원을 넘어 '의식주' 전반을 다시 바라보게 됐다.

그래서 정책을 만들기 시작했다. '도움'을 넘어, 어르신들의 일상에 '변화'를 드릴 수는 없을까? 그렇게 시작된 사업이 바로 '의식주 레벨업 서비스'다.

'한 끼를 더 건강하게, 공간을 더 쾌적하게.'

단순한 지원이 아니라, 삶의 질을 한 단계 끌어올리는 서비스가 되기를 바라며 만들었다.

인간은 누구나 인간답게 살고 싶어 한다. 그리고 마땅히 그래야 할 권리를 갖는다. 인간다운 삶의 토대가 부실하면, 삶의 모든 영역이 흔들릴 수밖에 없다. 그래서 '의식주'—입고, 먹고, 살 공간—는 생존의 최소조건이자 사회구성원으로 살아가기 위한 기본 전제가 된다. 그 위에서 비로소 교육도 일도 여가도 꿈도 가능해진다.

의식주를 복지의 눈으로 바라본다는 건 단순한 자원 배분을 넘어 인간의 존엄을 지키고 사회적 권리를 보장하는 일이다. 곰팡이 낀 방 안, 서늘한 콘크리트 바닥, 초라한 밥상을 두고 '웰빙'을 얘기할 순 없다. 삶의 기본이 흔들리는 이들에게 필요한 건 근사한 말보다 실질적인 변화다.

양천구가 시작한 '의식주 레벨업 사업'은 그런 문제의식에서 출발했다. 단지 돈을 주는 것이 아니라 꼭 필요한 물건과 서비스를 직접 제공함으로써 '지속 가능한 삶'을 돕는 복지로 방향을 잡았다.

가장 시급하다고 지적된 것은 '반찬'이었다. 햇반으로 끼니는 해결하더라도, 반찬이 없으면 밥상이 공허하다. 특히 혼자 사는 어르신들은 영양을 고려한 식사 자체가 어렵다. 냉장고엔 썩어가는 김치 하나 남아 있고 음식은 손도 대지 못할 만큼 상해 있기도 했다.

기존 반찬봉사에서 제공하는 반찬은 미리 준비된 식단에 맞춰 수요자 기호와 무관하게 똑같이 전달했다. 하지만 유통과 보관을 고려하다 보니 짠 반찬 위주였고, 매번 비슷한 구성으로 제공되다 보니 만족도가 떨어졌다. 그래서 새로 도입하는 '반올림 반찬서비스'는 발상을 전환했다. 어르신들이 스스로 원하는 반찬을 고를 수 있도록 지역의 반찬가게들과 협약을 맺고 '반찬쿠폰'을 도입한 것이다.

쿠폰을 들고 반찬가게에 들르면, 고기반찬이 먹고 싶을 땐 고기를, 속이 더부룩할 땐 나물이나 국을 고를 수 있다. 혼자 식사하시던 어르신이 가게 사장님과 마주 앉아 안부를 묻고, 조금 웃기도 한다. 그렇게 식사 한 끼가 누군가와의 연결이 되고, 고단했던 하루에 온기를 더해준다.

당뇨나 고혈압 등 만성질환을 앓고 있는 어르신들은 저염·저당 반찬을 고르고, 개인의 건강 상태에 맞는 식단을 구성할 수 있다. 건강을 챙기면서도 입맛에 맞는 음식을 고를 수 있다는 점에서 자율성과 만족도가 함께 높아졌다.

현재 대부분의 식생활 복지서비스는 공급자 중심이다. 수혜자의 필요나 취향, 건강 상태가 세심하게 반영되기 어렵다. 긴급구호, 푸드뱅크, 도시락 배달 등은 임시방편에 머무르기 쉽다. 그래서 더 정교한 시스템이 필요하다.

예를 들어, 독거어르신 가구를 사전에 파악하고 영양상태를 정기적으로 확인하며 위험요소가 발견되면 신속하게 개입하는 단계별 대응 체계를 설계해야 한다. 더 나아가 디지털 기술을 접목하면, 맞춤형 식단 추천이나 건강관리까지 가능하다. 영양정보와 알레르기 여부를 데이터화해 반찬 선택을 돕고, 스마트기기로 식사패턴을 기록해 건강을 관리하는 '디지털 식생활복지'도 가능해질 것이다.

식사는 가장 인간적이고 가장 보편적인 복지의 언어다. 누군가의 손으로 정성껏 만들어진 반찬 한 접시가 오늘 하루를 버틸 수 있는 힘이 되기도 한다. '먹는다'는 것은, 곧 '산다'는 것이다. 누구든 자신의 입맛과 건강, 생활 리듬에 맞춰 음식을 선택하고 식사를 누릴 수 있어야 한다. 따뜻한 한 끼가 누군가의 삶을 다시 시작하게 만드는 순간 복지는 가장 인간적인 언어로 말을 걸기 시작할 것이다.

깨끗한 공간에서, 마음도 몸도 건강하게

'포근한 잠'이라는 말에서 느껴지는 안도감은 말 이상의 의미를 담고 있다. 편안히 잠들 수 있는 환경, 근심 없이 눈 감을 수 있는 마음, 아프지 않은 몸. 이 모든 조건이 충족되어야 가능한 일이기 때문이다. 그래서 쾌적한 잠자리를 마련해준다는 건 단지 생활의 편의를 넘어서 한 사람의 삶 전체를 지탱하는 복지의 시작이 된다.

양천구가 2023년부터 시작한 '이불·겨울옷 세탁 지원사업'도 같은 마음에서 출발했다. 이 사업은 단순히 가사노동을 덜어주는 것이 아니다. 스스로 감당하기 어려운 대형 세탁물 빨래를 대신해줌으로써 어르신들의 건강, 위생, 정서 안정까지 보살피는 '생활복지'다. 특히 이불빨래는 무겁고 부피가 커서 어르신 혼자 감당하기 어렵다. 세탁소에 맡기기엔 비용이 부담스럽고, 직접 들고 가기엔 거리도 멀고 힘겹다. 세탁물 수거·배달 서비스도 생소하거나 활용하기가 쉽지 않다.

그래서 이불빨래는 종종 해를 넘기기도 한다. 곰팡이, 진드기, 세균이 서서히 스며들고, 여름엔 악취와 벌레로, 겨울엔 먼지와 땀이 배어 위생은 물론 수면의 질까지 무너진다. 건강을 해치는 건 물론이고 이불이 더 럽다는 걸 알면서도 빨지 못하는 현실은 심리적 위축감과 수치심마저 안긴다. 세탁물 빨래를 넘어 일상의 존엄과 안정을 지키는 문제다.

예전에도 민간단체에서 세탁차량을 동원한 봉사가 있었다. 그런데 어르신들의 뜨거운 반응에도 불구하고, 오래 지속하기 어려웠다. 주거지 특성상 차량 진입이 어렵고 빨랫물 처리나 동절기 운영에도 한계가 많았다. 꼭 필요한 복지인데 정작 일상 속에 자리 잡기 어려웠던 것이다.

그래서 현실적 대안을 택했다. 관내 세탁소와 협약을 맺고 수거-세탁-배달까지 전 과정을 지원하는 시스템을 만들었다. 세탁소 주인이 직접 찾아가 안부를 묻고 말벗이 되면서 작은 정을 나눈다. 지역 상권에도 도움이 되니 '일거삼득'이란 말이 아깝지 않다.

이 작은 서비스는 위생 개선, 생활환경 변화, 건강 증진, 관계 회복까지 긍정적 변화를 만들어낸다. 무엇보다 이 서비스는 '도움받는 사람'이라는 낙인을 남기지 않는다. 누구에게나 필요한 세탁이라는 일상적인 행위를 통해 복지를 자연스럽게 받아들이고 자존감을 회복할 수 있도록 한다.

세탁서비스는 거창하지 않지만 효과는 분명한 '생활밀착형 복지'다. 눈에 띄지 않던 복지 사각지대의 어르신들을 만나게 해주고, 그들과 다시 연결 해주는 통로가 된다.

세탁서비스보다도 더 마음을 기울여 추진하는 사업이 있다면, 바로

'집수리'다. 사람이 살아가려면 우선 편안하고 안전한 공간이 필요하다. 깨끗한 공간에서 지내야 몸도 마음도 건강해질 수 있다.

하지만 노후 주택에 거주하는 어르신들의 현실은 열악하다. 단열이 되지 않는 벽, 노출된 전선, 먼지와 곰팡이로 가득한 실내. 낙상과 감전 사고의 위험 속에서 많은 분들이 조심조심 하루를 버티며 살아간다.

이처럼 생활과 안전 요건을 갖추지 못한 공간은 건강 악화는 물론, 정서적 위축과 사회적 고립으로 이어지기 쉽다. 따라서 이제는 '사는 공간'을 넘어, '삶을 지속할 수 있는 공간', 즉 생활의 기반이 되는 시스템으로 주거복지를 바라보아야 한다.

청결, 환기, 냉난방, 전기와 물처럼 기본 인프라가 안정되어야 하고 곰팡이 제거와 해충 방제 등 위생 관리가 주기적으로 이뤄져야 한다. 미끄럼 방지, 화재감지기, 응급 호출 시스템 등 안전 장치도 필요하다. 나아가 지역사회와 연결되는 돌봄의 손길까지 닿아야 '삶의 향유'가 가능하다.

이러한 주거환경을 만들기 위해 두 가지 사업을 운영하고 있다.

하나는 '어르신 안심주거환경 개선사업'이다. 낙상을 예방하는 안전 손잡이, 미끄럼 방지 매트 설치는 물론이고, 1:1 안전 수칙 교육을 통해 생활 전반을 점검한다. 2022년부터 현재까지 1,700가구 넘게 지원하고 있다.

또 하나는 '희망의 집수리사업'이다. 취약계층 주택에 도배, 장판, 단열, 창호, 전기설비 등을 지원한다. 곰팡이 핀 벽지 하나를 바꾸는 것만으로도 방 안 공기가 달라지고 삶의 온도가 달라진다.

그래서 이 사업에 특히 많은 예산을 배정하고 있다. 단순한 보수가 아닌 '삶을 다시 시작하는 공간'을 만든다는 믿음 때문이다.

또 하나의 차별점은 '집수리 자원봉사자 양성 프로그램'이다. 2025년부터 도배, 장판, 전기, 창호 등 실내건축 전문교육을 무료로 제공하고 있다. 교육을 수료하면 실내건축 자격증도 취득할 수 있고, 새로운 일자리로 연결될 수도 있다. 대신 수료자는 일정 기간 집수리 자원봉사에 참여해야 한다.

실내건축(집수리) 전문교육 수료자는 일도 배우고 지역을 위해 봉사할 기회를 갖는다. 공공재원을 아끼고 공동체를 더욱 건강하게 만들 수 있다. 배움, 일, 봉사가 연결되는 모두에게 이로운 선순환 구조다.

이제 '사는 곳'은 공간에 머무는 것이 아니라, 삶의 질을 결정하는 가장 중요한 조건이 되었다. 주거복지를 통해 누군가의 방 안에 따뜻한 햇살이 들고 곰팡이 대신 새 벽지가, 불안함 대신 안정감이 자리잡는다면 우리는 분명 올바른 길을 가고 있는 것이다.

복지국가의 미래는 누군가의 방 한켠 그 작고 낡은 공간에서부터 조용히 시작된다.

혼합복지, 지속가능한 복지의 설계

복지에 대한 물음은 결국 "행복이란 무엇인가"라는 질문과 닿아 있다. 누구를, 어떻게, 얼마나 도와야 행복할 수 있을지를 두고 사람마다 느끼는 감정과 만족감이 다르기 때문이다. 질문은 단순해 보일 수 있지만, 복지의 형태와 내용에 따라 그 온도가 달라지고 때로는 가치관이 충돌하며 복잡한 논쟁이 되기도 한다. 한 사회가 지향하는 방향이 담기는 문제이기 때문에 선별복지냐 보편복지냐를 두고 이념 논쟁으로 번지기도 했다. 복지라는 배가 산으로 간 셈이다.

우리나라의 복지정책은 지난 20년간 눈부시게 성장했다. 중앙정부는 물론 각 지자체도 앞다투어 복지사업을 확장하며 예산을 늘려왔다. 2024년 현재, 전국 지자체 복지예산 비중은 절반을 넘었고 양천구도 57.92%에 이른다. 국가 전체 예산의 1/3 이상이 복지에 투입되고 있다.

GDP 대비 사회복지지출 비율은 OECD 평균에 미치지 못하지만 예산 총량만 보자면 최소한의 인간다운 삶을 보장할 수 있을 수준이다. 그

복지는 단순한 지원이 아니다.
누군가의 삶을 다시 일으켜 세우는 일이며,
포기를 붙드는 사회의 손이다.

럼에도 여전히 '복지 후진국'이라는 오명에서 자유롭지 못하다. 복지 정책은 많지만 제도는 복잡하고 수혜자는 각종 장벽에 가로막혀 제대로 도움받지 못하는 일이 빈번하다. 정책은 있되 전달되지 않는다. 제도는 촘촘하되 손길은 닿지 않는다. 그래서 복지를 '공급' 중심이 아닌 '삶의 변화' 중심으로 바라보는 시각이 절실하다.

복지는 단순한 지원이 아니다. 누군가의 삶을 다시 일으켜 세우는 일이며, 포기를 붙드는 사회의 손이다. 가난이 아이의 꿈을 꺾지 않도록, 어르신이 삶의 끝자락에서도 존엄을 지킬 수 있도록 도와주는 것이 복지다. 복지는 '정도가 다를 뿐, 누구에게나 필요한 것'이다.

이러한 관점에서 보면, 선별복지와 보편복지 사이의 논쟁은 대립이 아닌 상호보완적이어야 한다. 선별복지가 가진 집중 효과와 보편복지가 지닌 평등의 가치는 모두 필요하다. 서로의 장점을 살리고 단점을 보완할 수 있는 혼합복지(mixed welfare)가 바로 우리가 나아가야 할 방향이다.

복지의 내용에 따라 어떤 것은 보편적으로, 또 어떤 것은 선별적으로 해야 할 것들이 있다. 형식적인 평등이 아닌 실질적인 평등을 만들어야 한다.

여기에 공동체의 역할도 함께 짚어봐야 한다. 복지를 국가에만 요구하는 사회는 지속 가능하지 않다. 가족과 이웃, 종교와 민간이 함께 어깨를 나눌 때 비로소 튼튼하고 따뜻한 복지 울타리가 완성된다. 복지의 부담도 혼합되어야 한다. 그리고 숫자나 예산이 아니라 사람을 중심에 두어야 한다. 정책은 표가 아닌 표정을 바꿔야 하고, 행정은 문서가 아닌 마음을 움직여야 한다.

복지는 한 사회가 얼마나 인간적인가를 보여주는 거울이다. 누군가의 삶을 다시 일으켜 세우는 손길, 포기하려던 마음을 다독이는 말 한마디, 지친 하루 끝에 켜진 작은 불빛 하나다. 우리가 그 곁에 있다면 그리고 우리가 그 빛이 될 수 있다면, 복지는 제자리를 찾은 것이다.

복합적 사회위험에
대응하는 지역복지체계 구축해야

기초생활수급자 A씨는 월 생계급여비 70여만 원으로 생활한다. 동 주민센터에서 쌀 10㎏을 2,500원에 사서 김치나 라면을 반찬 삼아 끼니를 때우고, 전기세, 수도세 등 필수생활비를 뺀 나머지는 술값으로 허비한다. 반찬을 만들거나 사는 건 언감생심, 영양을 보충할 길은 없다. 술 사러 잠깐 외출할 뿐이라 만나거나 마주칠 사람도 딱히 없다. 외롭다고 말할 사람도 없어 고독하다.

2023년 우리나라 1인 가구는 600만 가구 이상으로 전체 가구 수의 30%를 넘는다. 작년 12월에는 노인인구 천만 명을 돌파해 초고령사회로 접어들었다. 여기에 양극화, 저출산, 경제불황까지 겹쳐 사회안전망이 크게 흔들리고 있다. 사회위험이 커질수록 사회적 약자의 삶은 더

힘들어지고 사회적 비용은 증가한다. 강 건너 불 보듯 할 일이 아니란 의미다.

핵가족화, 1인 가구 급증으로 사회적 약자가 현실적으로 기댈 수 있는 언덕은 정부다. 그러나 정부의 역할이 커지고 다양해진 반면 정책의 세밀함이 뒤따르지 못하고 있다. 그 결과 복지사업 가짓수는 늘어나고 수혜자는 적은데, 효과는 미지수인 경우가 많아졌다. 복지사각지대는 줄어드는데 사회안전망은 느슨해지는 기현상이 생긴 것이다.

그래서 구청장에 취임한 후 검증된 사업, 효과가 입증된 복지사업을 중심으로 역량을 집중시키고 정책의 우선순위를 조정했다. 순위를 정하기에 앞서 복지 현장을 잘 아는 사회복지사와 담당 주무관들과 머리를 맞댔다. 일선 담당자들의 의견과 구청장으로 살펴보던 바가 대체로 일치했다. 도움이 필요한 주민에게 실질적 도움이 되는 건 의식주였다. 양천구 의식주 레벨업사업이 시작한 배경이기도 하다.

앞서 언급한 A씨 사례와 사회위험은 우리 사회의 복지 현실이 얼마나 취약하고 위험한지를 나타낸다. 사회위험으로부터 주민을 보호하고 기초생활을 보장하는 것이 구청의 역할이기에 주민들과 긴밀히 소통하고 그들의 요구를 제대로 파악하려고 노력했다. 정확히 진단해야 처방이 가능하듯, 주민의 니즈와 가려운 곳을 알아야 속 시원하게 긁어주면서 사업의 효용을 높일 수 있기 때문이다.

의식주 지원에 필요한 복지서비스를 지역사회와 연계한 의식주 레벨업사업은 그렇게 출발했다. 우선 '양천 반올림사업'은 지원대상자가 구청과 협약한 반찬가게에 직접 가서 월 3만원 상당의 쿠폰으로 반찬을 구매하는 방식이다. 반찬을 사고파는 과정에 자연스럽게 소통하고 접촉하면서 관계가 형성된다.

다음으로 '찾아가는 행복버블 세탁서비스사업'은 지역세탁소와 협약을 맺고 약 1,000가구에 최대 5만원의 세탁서비스를 제공하는 방식으로 이뤄진다. 세탁소 주인이 어르신 가정을 방문해 빨래를 수거·세탁·배달하는 과정에서 어르신의 안부를 살피고 소통하며 관계를 형성하는 방식이다.

그리고 '안심주거환경 개선사업'은 거동이 불편한 어르신 600가구를 대상으로 안전손잡이, 미끄럼방지매트 등의 안전시설 설치와 1:1 안전교육이 진행된다. 어르신 비의도적 사망원인 1위인 낙상사고가 주로 가정에서 발생하는데, 이를 예방하는 효과가 크다. 특히 주민기술학교 수료자가 집수리를 맡기 때문에 재능기부와 취업 연계 효과도 거두고 있다.

그 결과 지원대상자의 영양 상태와 생활위생 상태가 좋아지고, 안전하면서 쾌적한 주거환경이 조성되었다. 고독사 위험군을 조기에 발견하고 민관 협력 안전망이 구축되는 효과도 거뒀다. 그리고 지역주민, 지역상인, 기술교육 전문가, 복지전문가 등의 네트워크 형성, 지역경제 선순환과 상생에도 도움이 되었다.

수많은 복지정책과 사업이 있음에도 사회안전망이 흔들리는 이유는 현 복지지원체계가 다양한 복지 수요와 높아진 욕구를 감당하지 못하기 때문이다. 따라서 사람의 연결, 관계의 형성, 공동체 회복이라는 휴먼네트워크를 강화한다면 보다 견고한 사회안전망이 구축될 것으로 보인다. 그런 의미에서 양천구 의식주 레벨업사업은 사회적 약자의 건강한 생활을 지원하는 동시에 이들이 지역사회 일원으로 참여하는 계기가 된다.

나라는 부유한데 국민은 불안하고 행복하지 못한 이유는 많은 이들이 복지사각지대에서 제때에 충분한 지원과 안전을 보장받지 못하기 때문이다. 그러므로 적어도 의식주와 같은 기초생활 지원체계는 개인에게 지급되는 현금 및 현물지원과 함께 지역공동체를 강화할 수 있는 기반을 넓힐 필요가 있다.

다시 운동화 끈을 묶는다.
더 나은 내일을 만들기 위해.
멈추지 않는 자만이
내일이라는 이름의 결승선에
닿을 수 있다는 걸 나는 안다.

5부 | 경쟁력을 갖춘 도시의 미래

도심코스

양천시티런

도심코스

지금은 국회대로 지하화 공사 중이라
불편한 이 길도
공원이 완성되면
달리고 싶은 길로 거듭난다.

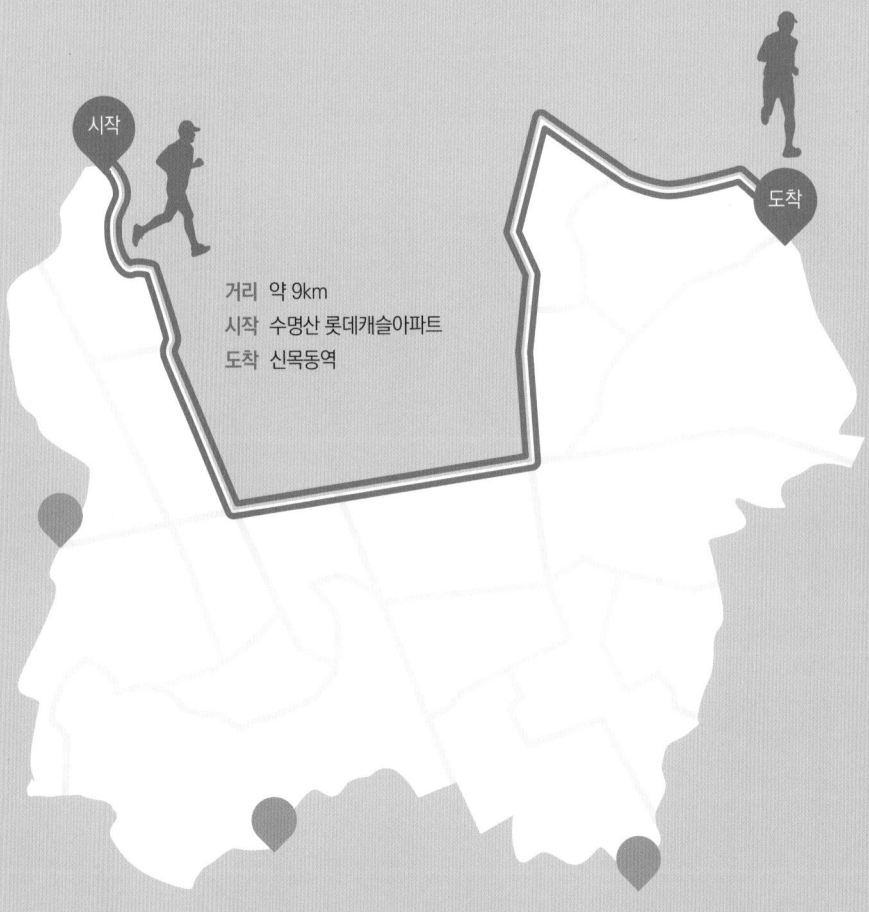

거리 약 9km
시작 수명산 롯데캐슬아파트
도착 신목동역

오명에서 명성으로

산길 코스는 신월5동 수명산에서 끝이 난다. 하지만 정작 수명산 정상에는 닿을 수 없다. 제1공수특전여단 군부대가 자리해 있어서 담장과 아파트 사이 산책로를 따라 뛸 수밖에 없다. 이곳은 신월5동의 경계선이자 양천구 지도의 꼬리 부분에서도 가장 꼭지점이다. 이제 돌아가는 길만 남았다.

마라톤을 뛸 때 하프 지점을 통과하는 기분과 비슷하다. 아직 절반 남았지만 '벌써 절반이나 왔다'고 생각해야 완주할 수 있다. '아직 반이나 남았다'는 생각이 들면 마음과 몸이 무거워진다. 나는 하프 지점을 통과할 때 몸 상태가 아침 10km 조깅한 정도의 체력 소비 수준이라고 마인드 컨트롤한다. 그렇게 생각해야 남은 절반을 견딜 수 있다.

풀코스 마라톤을 처음 뛰는 사람에게는 특히 그렇다. 하프까지 체력을 아끼고 이후 상태가 좋으면 페이스를 올려 결승선을 향해 달려야 한다.

돌아가는 길만 남았으니 이쯤에서 물을 한 모금 마시고 에너지젤도 하나 더 먹는다. 마라톤대회선 5km마다 급수대가 있지만 훈련할 땐 급수대가 따로 없다. 그래서 장거리 훈련 시에는 물주머니가 있는 트레킹 조끼를 종종 이용한다. 물병이 몸에 밀착돼 움직임도 덜하고 달리면서도 물을 마실 수 있어서 편리하다.

이제부터 국회대로와 만나는 신월2동까지는 내리막길이다. 좁은 보도와 많은 골목길, 그리고 갑자기 튀어나오는 차량들 때문에 조심해야 한다. 달릴 때 각별히 주의해야 할 구간이지만 달리면서 이것저것 구경할 거리들이 많아서 좋다. 신영시장 옆을 지나고 신월1동 번화한 상점가를 뛸 때는 종종 아는 사람과 마주쳐 손을 흔들기도 한다.

신월1동 반곡어린이공원 옆, 눈에 잘 띄지 않는 곳에 저지수로가 있다. 하수박스를 통해 지하 40m 신월빗물터널로 물을 보내는 통로다. 이 저지수로가 신월1·2동의 침수를 막아주는 보이지 않는 파수꾼이다.

신월빗물터널은 목동유수지와 함께 양천구의 수해를 막는 핵심시설이다. 과거 양천구는 상습침수지역으로 악명이 높았다. 목동아파트가 들어선 후에도 비만 오면 곳곳이 물에 잠겼다. 목동유수지의 펌프 용량을 늘리며 대응했지만 신월동 지역은 해결이 어려웠다. 아무리 유수지 용량을 키워도 비가 너무 많이 오면 물이 하수관을 역류해 신월동 주택가로 쏟아졌다.

2010년, 시간당 100mm의 폭우가 쏟아져 6,000가구 넘게 침수피해가 발생했고, 2011년에도 연이어 1,182가구가 피해를 입었다. 이 문제를 해결하기 위해 당시 오세훈 서울시장, 김용태 국회의원, 추재엽 구청장이 힘을 모아 신월빗물터널을 추진했다. 그런데 서울 곳곳에서 수해가 발생해 7곳에 빗물터널을 건설하려 했지만 양천구만 시행됐다. 이후 박원순 시장이 계획을 이어가지 않아서 다른 지역은 추진되지 못했다.

취임 첫해인 2022년 여름, 서울에 기록적인 폭우가 내렸다. 동작구는 시간당 141mm의 물폭탄을 맞았다. 서울 전역이 침수 피해를 입었지만 양천구는 멀쩡했다. 그 이후 수해대책기간마다 대통령, 총리, 서울시장, 장관들이 신월빗물터널을 찾아 견학하는 명소가 됐다. 양천구는 '안전한 도시'로서 위상이 높아졌다.

신월빗물터널의 원리는 간단하다. 상습침수구역에 설치된 3개의 유입 수직구로 빗물을 빨아들여 지하 깊이 40m, 지름 10m, 길이 4.7km의 터널에 저장한 후, 비가 그치면 안양천으로 배출하는 구조다. 상류를 높게 설계해 물이 자연스럽게 하류로 흐르도록 했다.

최대 32만 톤의 빗물을 가둘 수 있어 시간당 100mm의 집중호우도 감당할 수 있다. 이는 서울시 전체 빗물 저류조 용량의 절반에 해당한다. 여기에 목동빗물펌프장의 유수지까지 더하면 총 54만 톤 이상의 저장 용량을 확보하게 된다. 양천구가 수해에 강한 도시로 탈바꿈한 배경이다.

언제 일어날지 모를 전쟁에 대비해 매년 수십조 원의 국방비를 쓰듯 기후위기 시대에는 재해 예방에도 과감한 투자가 필요하다. 100년에 한

번 있을 폭우일지라도, 대비하지 않으면 단 하루 만에 모든 것을 잃을 수 있다.

국민의 생명과 재산을 지키는 것이 행정의 첫 번째 책무다. 효과가 입증된 신월빗물터널 같은 시설이 서울을 넘어 전국 곳곳에 확대되길 바란다.

양천구는 침수의 기억을 지우고 이제는 안전의 상징이 되었다. 그 변화의 시작엔 사람의 생각과 결단, 그리고 멈추지 않은 발걸음이 있었다.

국회대로공원을 달리고 싶다

　신월동 원도심을 휘돌아 내려오면 국회대로와 마주하게 된다. 양천구 동서를 가로지르는 중심축이자, 강서구와의 경계선이며 양천구 강아지 모양 지도에서는 등뼈에 해당하는 곳이다. 곧게 뻗은 등줄기를 따라 달릴 수 있다는 건 달리미로서 반가운 일이지만, 아직까지는 그렇지 못하다. 2018년부터 이어지고 있는 국회대로 지하화 공사 탓이다.

　신월여의지하도로가 완공된 이후 시작된 이 공사는 도로를 오가며 공사구간이 옮겨지다 보니 차량 통행뿐 아니라 보행자에게도 큰 불편을 주고 있다. 울퉁불퉁한 보도 위에 자갈과 흙먼지가 쌓여 있어 달리기 쉽지 않고, 햇볕을 피할 그늘 하나 없어 2km 남짓한 거리도 두 배는 멀게 느껴진다.

　이 공사는 차량 중심의 도시공간을 보행자 중심으로 바꾸는 '국회대로 지하차도 및 상부공원화 사업'이다. 총 7.6km 구간에 공원을 조성하는 야심찬 프로젝트로, 서울 서남부와 여의도를 연결하는 국회대로를 공원길로 탈바꿈시키는 계획이다. 하루 수십만 대의 차량이 오가는 주요

국회대로는 완전히 새롭게 태어난다.
'단절의 선'이 사라지고
'연결의 길'이 열린다.

간선도로인 국회대로는 서쪽으로는 경인고속도로, 동쪽으로는 여의대로·올림픽대로와 연결된다.

하지만 이 국회대로는 오히려 지역 간 단절을 심화시켜왔다. 신월1·2동과 목동, 신정동 간 접근성이 제한됐고, 도로 중심의 구조는 보행을 어렵게 만들었다. 고가도로와 방음벽은 물리적 장벽일 뿐 아니라 시선과 마음을 가로막는 심리적 장벽이 되었다. 가깝고도 먼 거리가 옆 동네를 건너편 동네로 만들었다.

2021년 1월부터 시작된 공사는 철제 펜스 안에서 진행되고 있다. 굴삭기와 트럭이 오가고, 아스팔트 자리는 철골구조물이 대신하고 있다. 기대보다는 불편이 커졌고, 가장 큰 어려움은 심각한 교통정체다. 출퇴근 시간대 정체가 극심했던 국회대로는 공사로 인해 더욱 혼잡해졌고, 우회도로인 신월로, 곰달래로, 남부순환로까지 정체가 확산됐다.

자가용뿐 아니라 버스를 이용하는 주민들도 고통을 겪고 있다. 배차 간격이 길어지고, 정류장에서 기다리는 시간도 길어졌으며 출근길 피로는 더 늘었다. 교통 불편은 상가와 병원, 복지시설 등 생활 인프라 이용에도 영향을 주고, 특히 노약자와 교통약자들의 이동권이 심각하게 제한된다.

더 큰 문제는 공사 지연이다. 목동 4단지·7단지 주민들의 평면화 요구를 서울시가 수용하면서 계획이 변경되었고, 새로운 공법 선정에도 오랜 시간이 소요됐다. 공법 검토 과정에서 현실적으로 적용하기 어려운 방식이 논의되면서 공사비가 증액되고 공사기간도 크게 늘었다. 주민의 민원을 수용하다 보니 그렇게 됐다는 서울시의 입장만으로 4년의 고통을 더 감내하라는 건 납득하기 어렵다. 주민의 민원을 수용하기 어렵다면 좀더 빨리 솔직하게 주민들께 얘기하고 이해를 구했어야 했다.

수술을 피 한 방울 흘리지 않고 끝낼 수 없듯이 도시의 변화도 그렇다. 고통 없는 변화는 없고, 도시를 바꾸는 일에 진통이 따르기 마련이다. 하지만 그 과정에서도 행정은 주민에게 솔직해야 하고, 더 나은 내일을 위해 오늘의 불편을 어떻게 나누고 줄일 수 있을지 고민해야 한다.

녹지축이 만드는 도시의 미래

　수십 년간 연결과 단절이 혼재했던 도로 위에 공원이 조성된다는 건 토목공사를 넘어 도시의 재발견, 생활의 재구성이다. 도로를 덮은 공원 그 이상으로 새로운 삶을 창조하고 새로운 관계를 형성하는 도시개벽이라 불러도 좋을 변화다. 차가 달리던 자리를 사람의 발걸음으로 채우면 국회대로는 완전히 새롭게 태어난다. '단절의 선'이 사라지고 '연결의 길'이 열린다.

　불과 얼마 전까지만 해도 차가 씽씽 달리던 도로 위에서, 이제는 차를 마시고 산책하고 반려견과 뛰노는 일상이 펼쳐진다. 피하고 싶던 공간이 머물고 싶은 공간으로, 스쳐 지나던 길이 이야기가 쌓이는 장소로 바뀌는 것이다.

　상상해보자. 회색빛과 소음으로 가득했던 공간이 화초와 나무가 우거진 녹색벨트로 바뀌고 새소리와 사람들의 웃음소리로 채워지는 모습을. 그 길 위를 달릴 때면, 힘들었던 지난 과정들이 떠올라 감회가 새로울 것 같다. 나만의 리듬으로 나만의 호흡으로 달리는 순간이 주는 평온함이 온몸을 감쌀 것 같다.

달리면서 만나는 주민들의 얼굴, 반갑게 인사하는 이웃들의 모습을 스치면서 양천의 낭만에 흠뻑 빠지고 싶다. 차를 타고 지나갔던 거리에서 이제는 벅찬 숨을 내쉬며 달리고 또 달리고 싶다.

시간이 지나면 이 녹색벨트는 누군가와 웃으며 걷고, 이야기를 나눈 기억이 담긴 무대가 된다. 계절마다 색이 바뀌고 그때마다 새로운 풍경화를 선사하는 도시의 선물이 된다. 나는 그 변화와 함께 달리며 매 순간을 느낄 것이다.

국회대로 상부공원 4.1㎞는 목동그린웨이 2.4km와 만나고 안양천과 연결된다. 총 6.5km의 녹지축이 한강으로 뻗어 나가는 도심 속 힐링코스이자 서남권을 대표할 녹색 랜드마크가 된다.

이러한 변화는 도로라는 껍질을 벗고 날아오르는 나비와 같다. 알에서 유충, 번데기, 나비로의 성장처럼, 고통과 갈등을 겪으며 완성될 최고의 공원이 될 것이다.

국회대로와 목동그린웨이가 하나로 이어진다는 건 공간이 확장된다는 의미뿐만 아니라 도시 구조의 변화다. 아파트 단지에 머물던 일상이 구 전체로 확장된다. 아이들은 단지를 벗어나 공원과 안양천에서 놀고, 어르신들은 공원의 나무 그늘 아래서 이웃과 담소를 나눈다. 공원은 모두의 정원이 되고 건강한 삶의 기반이 된다.

공간이 이어지면 정서도 이어진다. 단절된 녹지가 하나로 연결되면서 새로운 공동체가 태어난다. 이제는 차가 아닌 발로 양천을 관통한다. 신월동 주민은 안양천에서 해질녘 산책을 즐기고, 목동 주민은 서서울호수공원까지 이어진 산책로를 걷는다. 하루의 패턴이 바뀌고 도시의 일상이 바뀐다.

공원이 연결되면 만남도 바뀐다. 신월동, 신정동, 강서구 주민들이 같은 공간에서 자연스럽게 만나고, 아이들이 뛰노는 공원에서는 플리마켓이 열린다. 거리예술가가 스케치하는 모습이 일상이 되고, 공원은 커뮤니티의 중심이자 새로운 광장이 된다.

그렇게 이 공간은 도시의 완충지대이자 치유의 장소가 된다. 머리를 식히고 마음을 비우는 공간, 아이들은 생태를 배우고 주민들은 공연의 주인공이 되는 무대. 그 속에서 양천구민의 회복탄력성은 높아지고 도시는 더 건강해진다.

국회대로 공원과 목동그린웨이, 안양천이 하나로 이어지는 녹지축은 이제 양천의 이야기를 담는 새로운 무대다. 우리는 그 무대 위 주인공이 되어 걷고 달리고 머물며 양천의 드라마를 함께 써 내려갈 것이다.

마을공동체교육에서 글로벌미래교육으로

국회대로공원이 완성된 모습을 상상하며 지하차도 공사장을 지나면, 홍익병원 사거리에 다다른다. 상상은 언제나 마음을 가볍게 한다. 상상은 우리를 꿈으로 이끌고 희망으로 안내한다. 꿈이 없으면 발걸음이 무겁다.

그 사거리에서 왼쪽으로 방향을 틀면 등촌역까지 이어진다. 이제 신월동과 신정동을 지나 목동권에 들어선다. 이 구간에서 눈에 띄는 건 학원 차량 행렬이다.

나는 양천구를 소개할 때면 늘 '대한민국 대표 교육도시'라고 말한다. 교육도시는 양천의 정체성이자, 우리가 가진 가장 강력한 도시 경쟁력이다.

2022년 서울에서 18명의 국민의힘 구청장이 당선되던 해, 조희연 서울시교육감은 더 이상 자신의 '혁신교육' 구상을 밀어붙이기 어려워졌다. 그 대신 그는 '미래교육'이라는 이름으로 협력을 제안했다. 그때 나는 조용히 말문을 열었다.

"혁신이든 미래든 단어는 그럴싸합니다. 하지만 그 안에 담긴 철학과 방향은 다릅니다. 혁신교육은 우리 아이들의 시선을 '마을'에, 관심을 '공동체'에 머물게 했습니다. 이제는 아이들의 시선을 '글로벌'로, 관심을 '미래'로 돌려야 합니다. 마을공동체 교육이 아니라 글로벌 미래교육이어야 합니다."

한때 우리 사회는 '혁신교육'이란 이름 아래 다양한 실험을 시도했다. 학생 중심 교육, 마을공동체교육, 협력적 수업 등 어느 하나 문제의식이 없었던 건 아니다. "한 아이를 키우려면 온 마을이 필요하다"는 말은 따뜻하다. 이상적이고 낭만적이다. 하지만 마을은 콘텐츠가 부족하다. 아이들의 잠재력을 키우기에는 한계가 있다. 더 넓은 세상을 보여줘야 할 나이에 아이들의 사고를 동네 안에서 머물게 했다. 마을행사에 참여하고 마을사람과 교류하면서 좋은 추억은 만들었을지 몰라도 AI와 협업하고 글로벌 이슈를 배우는 미래세대가 되기엔 역부족이었다.

교육은 결국 미래를 준비하는 일이다. 그런 점에서 혁신교육은 세 가지 중요한 문제를 간과했다.

첫째, 입시 현실과 동떨어진 이상에 머물렀다. 학생 중심 수업의 취지는 좋았지만 학력 저하 논란이 끊이지 않았다. 둘째, 빠르게 변화하는 기술 환경에 둔감했다. AI, 디지털 전환, 가상현실이 일상에 들어왔지만, 교육은 여전히 공동체 감수성에 머물렀다. 셋째, 다양성과 포용을 말하면서도 디지털 격차, 지역 불균형 등 구조적 문제엔 침묵했다.

세상은 달리고 있었다. 싱가포르는 AI 학습 시스템을 도입했고, 핀란드는 융합교육을 실행 중이다. 미국은 VR로 교실의 경계를 허물었고, 중국은 유치원부터 코딩을 가르친다.

그런데 우리는 마을 선생님과 함께 '느린 삶'을 이야기했다. 속도가 전부는 아니지만 세상의 흐름을 무시할 수는 없다.

'학생 중심'이라는 말 뒤에 숨은 형식주의는 수업의 품질을 떨어뜨렸고 감정과 관계 중심의 활동은 정작 공부를 뒷전으로 밀어냈다. 아이들에게 '착하고 좋은 아이'가 되라고 가르쳤지만 세상이 원하는 실력과는 거리가 멀어졌다.

혁신이라는 이름은 낯설지 않다. 그 말 속에는 변화에 대한 간절함이 담겨 있다. 그러나 지금 우리에게 필요한 건 말이 아니라 진짜 혁신이다.

교육지원에서 교육주체로 서자

양천구는 오래전부터 학부모들 사이에서 아이 키우기 좋은 지역으로 알려져 있다. 유명 학원들이 밀집해 있고 명문 학교가 많으며, 학생과 학부모의 교육열도 높다. 이처럼 교육도시 양천이라는 브랜드는 행정의 성과라기보다는 오랜 세월 구민들이 스스로 만들어낸 명성이다.

그렇다면 이제는 행정도 이 명성에 걸맞은 책임과 역할을 해야 한다. 단순한 교육지원에 머무르지 않고, 교육의 주체로서 공교육의 질을 높이면서 사교육 부담을 줄이는 방향으로 나아가야 한다. 공공이 제공하는 교육 기회를 넓히고 아이들이 학교 바깥에서도 배움과 성장을 이어갈 수 있도록 돕는 것이 그 시작이다.

교육의 사각지대는 대개 일상 속에서 생긴다. 수업이 끝난 방과 후나 진로를 고민하고 입시를 준비해야 하는 시기처럼 학교 밖의 시간이 그 빈틈이다. 이는 곧바로 사교육으로 이어지고 부모의 경제력이 교육의 질을 좌우하게 된다. 결과적으로 학부모의 부담은 커지고 교육 격차는 더 벌어진다.

명문대 입학을 희망하는 학생 수는 늘어나지만 정원은 정해져 있다. 경쟁은 치열해지고 이 틈새를 파고든 사교육 시장은 점점 더 거대해진다. 그 결과 고액 컨설팅, 유명 강사, 치열한 입시 정보전이 판을 치고, 학부모들은 막대한 비용을 감수할 수밖에 없다. 노후 준비는 뒷전이 되고 교육비에 허리가 휘는 가정이 적지 않다.

그래서 구청장에 취임한 이후 공교육의 공백을 메우는 역할을 행정이 담당해야 한다고 판단했다. 이전에는 60개 학교에 3~4천만 원의 지원금을 똑같이 나눠주고 학교시설 관련 민원을 해결해주는 게 구청의 역할이었다. 이제 행정이 공교육의 또다른 주체가 되어 진학과 입시 준비로 인한 부담을 덜어주고, 누구나 공정하게 양질의 교육 정보를 받을 수 있는 기반을 마련하겠다고 마음먹었다. 그렇게 해서 출범한 것이 '양천교육지원센터'다.

양천교육지원센터는 '학습지도', '진로탐색', '진학컨설팅'이라는 핵심 기능을 수행하는 공공 교육 인프라다. 교육지원 차원을 넘어, '학교 밖 공교육'이 본격적으로 시작된 상징적인 공간이기도 하다.

센터는 진학 설명회와 특강, 입시 트렌드 분석, 학교생활기록부 관리, 모의 면접 등 실질적인 콘텐츠를 중심으로 운영된다. 경제적 부담 없이 누구나 전문가 컨설팅을 받을 수 있도록 해서 학부모들에게 큰 신뢰와 만족감을 주고 있다.

그 결과는 수치로 나타난다. 진학설명회와 특강 참여 인원은 2023년 5,617명에서 2025년 10,000명으로 증가했다. 대입전형 1:1 컨설팅도 2025년 2,800명으로 꾸준히 확대하고 있다.

그리고 양천구를 신정동, 신월동, 목동 권역별로 나누어 '미래교육센터'를 설치했다. 단위 학교마다 필요한 인프라를 갖출 수 있는 예산과 공간, 인력의 한계가 있는 만큼 행정이 이를 보완하는 구조를 만든 것이다.

미래교육센터에서는 코딩 실습, AI 체험, AR/VR 콘텐츠 제작, 진로·직업 체험 등 학교 교실에서는 경험하기 어려운 교육서비스를 제공하고 있다. 이로써 학생들은 물리적 제약 없이 미래사회에 필요한 역량을 공공의 품에서 배울 수 있게 되었다.

글로벌교육에도 도전했다. 호주 명문사립학교인 힐크레스트 크리스천 칼리지와 협약을 체결해서 양천구 학생들이 호주 학생들과 영어로 공동화상수업을 할 수 있게 되었다.

과거에는 학교에서 배우고 집에서 자랐지만, 이제는 학교 밖에서도 배우고 지역과 함께 성장하는 시대다. 미래교육은 더 이상 학교 안에서만 이뤄질 필요가 없다. 오히려 학교가 따라가기 힘든 변화의 속도와 다양성을 공공이 함께 책임지는 것이 시대적 요구이다.

양천구에서는 이를 실현하기 위해 학교 밖 공교육에 집중하고 있다. 누구나, 언제든, 어디에서나 양질의 교육을 받을 수 있는 구조를 만들기 위해 양천교육지원센터를 확대하고 공공 교육의 품을 넓히고 있다. 그 과정은 대한민국 교육의 방향을 바꾸는 중요한 전환점이 될 것이다.

전국 규모의 Y교육박람회를 열다

사람들은 양천구를 떠올리면 '목동'을 중심으로 형성된 학군과 학원가를 생각한다. 실제로도 양천구는 서울에서 교육 학원 인프라가 잘 갖춰진 지역 중 하나로 평가받는다. 하지만 양천구가 명실상부한 교육도시로 우뚝 서기 위해서는 민간이 만든 교육열과 인프라에 기대는 것을 넘어 공공이 주도하는 교육 비전과 브랜드, 교육 기반을 갖추는 것이 중요하다. 우리끼리 아무리 교육도시라고 외쳐봐야 전국적으로 인정받지 못하면 그 의미는 반쪽짜리에 불과하다.

그래서 고민했다. 양천구가 수도 서울, 더 나아가 대한민국에서 어떤 도시로 기억되길 바라는가. 도시의 특성과 장점을 극대화할 수 있는 키워드는 '교육'이었다. 교육은 비단 좋은 대학에 많은 학생을 보내는 것을 넘어 도시의 미래와 아이들의 삶을 설계하는 일이기 때문이다. 그래서 교육의 공공성과 미래지향성, 실현 가능성을 담아낸 전략이 필요했다.

그 출발이 바로 Y교육박람회였다. 단순한 교육정보 행사나 입시박람

양천구는 대한민국 대표 교육도시가
되기 위한 여정에 들어섰다.
Y교육박람회는 그 여정을 여는 출발점이다.

회가 아니라, 교육의 본질을 묻고 시대적 과제를 공유하며 미래교육을 함께 설계하는 공론장을 만들고자 했다. Y교육박람회는 매년 새로운 교육 아젠다를 제시하며 사회적 관심을 끌어내고, 그 과정을 통해 교육도시 양천의 위상을 높여가고 있다.

첫 박람회였던 2023년의 주제는 '미래교육'이었다. AI, 로봇, 디지털 전환 등 급속히 변화하는 과학 기술에 비해 우리의 교육은 여전히 과거의 틀에 머물러 있다는 문제의식을 담았다. 양천구는 이 박람회를 통해 4차산업혁명 시대에 맞는 새로운 교육 방향을 고민하고, 이를 선도하겠다는 선언을 내놓았다.

2024년에는 '학교 밖 공교육'을 주제로 삼았다. 학교 안에서 이뤄지는 교육만으로는 아이들의 가능성과 시대의 변화 속도를 감당할 수 없다는 현실 인식에서 출발했다. 마을교육이나 방과후 활동이 아닌, 행정이 직접 공교육의 사각지대를 책임지는 '학교 밖 공교육'이라는 새로운 영역을 박람회를 통해 정립해 나갔다.

2025년에는 '기후위기와 환경교육'을 주제로 삼았다. 생존과 직결된 기후위기 상황 속에서 환경교육은 선택이 아니라 필수임에도 여전히 학교 교육에서는 충분히 다뤄지지 않고 있다는 문제의식을 담았다. '지구가 교과서가 된다'는 의미에서 '그린스쿨링'이라는 신조어도 만들어서 발표했다. 이 박람회를 통해 "영어만 조기교육이 필요한 것이 아니라, 환경도 조기교육이 필요하다"는 강력한 메시지를 던졌다. 지구 전체가 교실이 되는 시대, 환경을 이해하고 지키는 글로벌 시민 양성이 시급하다는 교육적 사명을 담았다.

이 박람회가 특별한 이유는 참여자들이 단순한 방문자가 아니라 '주인공'으로 참여한다는 점이다. 학생은 직접 미래 기술을 체험하고 진로를 탐색하며, 학부모는 입시 정보를 나누고 교육 프로그램을 경험한다. 평생학습 부스를 통해 모든 세대가 함께 참여하고 지역의 문화와 교육을 통합한 학습의 장이 열린다.

교육 전문가와 학자, 현장 교사들이 직접 참여하는 강연과 워크숍, 청소년을 위한 영감 넘치는 강연도 이어진다. 박람회는 정책과 교육 현장을 잇는 통로로써, 전시공간을 넘어 공교육의 방향성과 철학을 공유하는 담론의 장이 된다.

Y교육박람회는 기술을 소개하거나 입시정보를 나열하는 자리가 아니다. 교육의 본질, 공공성, 시대정신을 함께 고민하며 모두가 배움의 주체로서 참여하는 실천의 장이다. 이 박람회를 통해 양천구는 '학원이 많은 지역'이라는 이미지에 머무르지 않고 교육의 콘텐츠와 방향성을 제시하는 도시로 도약하고 있다.

양천구는 대한민국 대표 교육도시가 되기 위한 여정에 들어섰다. 누구나 원하는 공부를 언제든 할 수 있는 평생학습도시, 교육의 기회를 넓히는 공공교육의 플랫폼 도시, 미래세대를 키우는 실천의 도시로 자리매김할 것이다. Y교육박람회는 그 여정을 여는 출발점이자 교육으로 도시의 정체성을 새롭게 쓰는 양천의 대표 브랜드가 되고 있다.

진정한 교육도시를 위하여

　학교 교육은 매우 중요한 제도적 기반이다. 하지만 동시에 분명한 한계도 있다. 대표적으로 '보편성'이다. 모든 학생을 포괄하는 공교육의 특성상, 개인의 상황과 수준에 맞춘 개별화된 교육이 쉽지 않다. 결국 그 틈새를 사교육이 채우게 되고 교육 격차는 더 벌어진다.

　또 다른 한계는 속도다. 세상은 4차산업혁명과 인공지능, 빅데이터 기술로 빠르게 변화하고 있다. 그런데 과거의 틀을 유지하는 교육 구조로는 아이들이 미래를 준비하기 어렵다. 이 거대한 전환기 앞에서 우리는 교육의 새로운 생태계를 고민해야 한다. '학교'라는 울타리를 넘어서는 공교육의 확장, 행정이 동반자로 나서는 전환이 필요하다.

　그동안 교육은 학교에 다니는 연령층을 중심으로 설계돼 왔다. 그러나 학교 안에서만 배우는 시대는 지나갔다. 진정한 교육도시는 아이부터 어르신까지 언제든 어디서든 배우고 성장할 수 있는 곳이어야 한다.

　기술은 끊임없이 진화하는데, 교실과 교과서는 여전히 그대로다. 코딩, 인공지능, AR·VR, 빅데이터, 생태전환교육처럼 미래사회에 필수적인 내용을 누구나 공평하게 배우고 체험할 수 있도록 교육시설을 바꾸고 교육기회를 넓혀야 한다.

그 중심에는 공공의 역할이 있다. 특히 저소득층 가정의 아이들은 진로 지도나 학습 상담, 컨설팅 받을 기회가 적다. 이런 교육의 불균형은 개인의 문제를 넘어 사회의 구조적 문제로 이어진다. 그래서 그 공백을 메우려고 노력하고 있다. 교육은 복지가 아니다. 공정한 출발선, 기회의 평등이다.

취임하고 지금까지 누구나 스스로 공부할 수 있는 환경, 기회의 사다리를 마련하기 위해 교육인프라를 넓혀왔다. 그 사다리는 위로 향할수록 더 정교해져야 한다. 학업성취도가 높은 학생에게는 진로와 진학을 넘어 글로벌 역량까지 고려한 맞춤형 컨설팅이 필요하다. 과거에는 비용이 부담되어 일부만 누릴 수 있던 해외유학 지도도, 이제는 공공이 함께 지원한다.

행정이 교육을 '지원'하는 수준에 머무르지 않고, 함께 '기획'하고 '실행'하는 파트너가 될 때, 우리는 학교가 감당하지 못한 교육의 무게를 함께 나눌 수 있다. 학생 개인의 잠재력을 끌어올리고, 그 성장이 다시 지역과 사회에 기여하는 선순환 구조를 만드는 것. 이것이 진정한 공교육의 가치이며 교육도시 양천이 나아갈 길이다. 양천에서 시작된 변화가 누군가의 삶을 바꾸고 그 변화가 다시 세상을 움직이게 될 날을 기대한다. 그 길 위에서, 우리는 교육도시 양천을 함께 완성해가고 있다.

도시는 즐거워야 한다

도시에는 즐길 거리, 볼거리, 먹거리가 많아야 일상의 무게를 덜 수 있다. 특히 주거 밀도가 높은 양천구 같은 도시는, 도시적 삶의 팍팍함을 달래줄 '여백'이 더욱 절실하다.

구청장이 되고 나서 1년 동안 양천구의 모든 축제와 행사에 빠짐없이 참석했다. 가짓수가 많았고, 횟수도 적지 않았다. 그런데 이상하게도 기억에 남는 행사가 드물었다. 대부분 규모가 작고 특색이 없어 서로 엇비슷한 느낌이었다. 행정동 단위로 열리는 지역축제 중 일부는 알차고 의미 있었지만 대체로 주민 참여율이 낮고 활력이 부족했다. 양천구 전체가 함께 어울리는 대표축제도 없었다.

다른 구를 보면 상황이 달랐다. 서초구의 서리풀축제, 강남구의 강남페스티벌, 강서구의 허준축제, 구로구의 G밸리축제는 이틀에서 나흘 동안 구민과 함께 웃고 즐기는 거대한 잔치였다.

어느 날 현장을 돌고 있는데 한 주민이 내게 물었다.

"구청장님, 우리는 큰 축제가 없나요? 구로구는 유명가수도 와요. 우리 구는 가난해서 그런 건가요?"

가슴이 뜨끔했다. 아무 말도 할 수 없었다.

그때 결심했다. '양천구의 축제를 전면적으로 재정비하자.' TF팀을 구성하고 전문가를 위촉해 축제 개선방안을 하나하나 만들어갔다. 우선 축제를 세 단계로 나누었다. 동별 축제, 권역별 축제, 그리고 양천구 전체가 함께하는 대표축제.

생활권 단위의 동별 축제는 각 행정동에서 열리는 소규모 행사를 강화하는 데 초점을 맞췄다. 현실은 녹록지 않았다. 예산은 동당 5백만 원 남짓. 대부분 동장과 직능단체장들이 후원과 협찬을 모아 가까스로 행사를 꾸리고 있었다. 비슷한 예산, 비슷한 구조. 축제가 서로 닮을 수밖에 없었다. 물론 개성과 창의성을 살린 동도 있었지만 대체로 주민을 위한 축제인지 직능단체의 친목행사인지 구분이 어려웠다. 그래서 생활권 단위로 동들이 연합해서 하나의 축제를 만들면 인센티브를 주는 방식으로 정책을 바꿨다. 또 '축제평가위원회'를 구성해 매년 축제를 평가하고, 우수 축제는 더 키우고 미흡한 축제는 개선할 수 있도록 평가 기반의 지원 체계를 마련했다.

2024년 이런 방침에 따라 몇몇 동은 연합 축제를 열었고, 규모가 커지자 주민 만족도가 높아졌다. 하지만 축제를 준비하는 주체들 간 갈등이라는 새로운 문제가 생겼다. 예산과 역할 분담, 행사 주도권 문제로 마찰이 생긴 것이다.

결국 2025년에는 적지 않은 동이 독자적인 축제 방식으로 돌아가 버렸다. 행정에서 인센티브로 유도할 수는 있어도 자율성을 억누를 수는 없다. 등급에 따른 차등 지원에 대해서도 일부는 불만을 드러냈다. "기분 나쁘니 그냥 똑같이 나눠달라"는 이야기였다. 나는 단호하게 말했다.

"선의의 경쟁조차 없는 조직은 발전이 없습니다. 평가를 받는 건 질책이 아니라 더 잘해보자는 취지입니다."

앞으로도 컨설팅을 함께 제공하며 부드러운 경쟁의 장, 화합과 단결의 장을 만들어갈 것이다.

생활권을 넘어선 권역별 축제는 그 지역의 개성을 살리는 방향으로 정비했다. 목동권역은 파리공원 축제로 특화했다. 한불수교 100주년을 기념해 조성된 공원의 의미를 되살려 프랑스 음식과 노래, 문화체험이 어우러진 축제를 기획했다. 프랑스 대사관과의 협력으로 문화 교류의 품격을 더했다. 신월권역에는 락페스티벌을 도입했다. '공항 소음을 락 음악으로 날려버리자'는 기획 의도에서 출발한 이 축제는 처음 열릴 때부터 반응이 뜨거웠다. 신정권역은 기존의 로데오패션축제를 확대해 계승했다. 로데오거리 상권을 살리기 위해 시작된 행사에 양천구 홍보모델의 패션쇼, 전시와 체험 부스를 더해 축제의 내실을 다졌다. 각각의 권역에서 개성 있는 축제가 자리를 잡으면서 지역 주민들의 관심과 호응도 커

양천구 모든 세대가 즐길 수 있는
대표 축제를 고민한 끝에
'양천가족 거리축제'가 탄생했다.

졌다.

이 모든 축제의 흐름을 하나로 엮어낼 자리가 필요했다. 양천구 전체를 아우르는 대표 축제, '양천가족 거리축제'는 그렇게 시작되었다.

가장 큰 고민은 장소였다. 양천구민 모두가 함께할 수 있는 공간은 많지 않았다. 누가 오더라도 접근하기 쉬워야 했기에, 양천구 중심이 제격이었다. 그래서 신정네거리역에서 법원까지 이르는 도로를 통째로 비우기로 결심했다.

차량 통제를 우려하는 내부의 반대도 만만치 않았다. 하지만 나는 확신했다.

"주민들은 이 축제를 기다리고 있습니다. 익숙해지면 누구보다 크게 환영하실 겁니다."

결과는 대성공이었다. 6만여 명이 거리로 나왔고, 민원은 거의 없었다. 오랜만에 활기를 되찾은 거리에서 지역 상인들은 웃었고, '매출 대박'을 기록했다.

양천구 대표축제의 주제로 '가족'을 택한 것은 오랜 고민 끝의 선택이었다. 축제가 지속되기 위해선 뚜렷한 주제가 필요했다. 교육도시라는 정체성을 생각하면 '교육'도 가능했지만 이미 상반기에 Y교육박람회를 열고 있었다. 그래서 눈을 돌린 것이 '가족'이었다.

세대 갈등이 깊어지는 요즘, 함께 웃고 즐기며 공감할 수 있는 자리가 절실했다. 아이부터 청년, 중장년까지 모두가 나와 먹거리, 볼거리 즐길 거리를 나누며, 세대 갈등을 넘어 양천구가 하나의 가족이라는 감정을 공유하는 시간, 그게 우리가 만들고자 한 축제의 주제였다.

양천가족 거리축제를 향한 주민들의 반응은 뜨거웠다.

"내년엔 이틀로 늘려주세요.", "더 크게 열면 좋겠어요."

응원이 쏟아졌고 거리엔 웃음이 피어났다. 그렇게 양천은 한마음이 되었다.

말로만이 아닌 실제적인 분권

　1995년, 광역과 기초단체장 직선제가 도입된 지 어느덧 30년이 흘렀다. 대한민국이 30년간 운영해 온 지방자치는 과연 성공적이었을까? 국민들은 여전히 중앙정부에 대한 불만과 비판을 쏟아내고 있지만 동시에 지방자치단체와 지방의회에 대한 불신도 깊다.

　제주도에는 '제주특별자치도 설치 및 국제자유도시 조성을 위한 특별법'이 있다. 노무현 정부가 지방분권을 국정운영의 핵심 정책으로 추진하면서 2003년에 만든 이 특별법은 지금까지 일곱 차례 개정되어 왔다. 내가 제주도청 서울본부장으로 근무할 때는 5차 개정이 추진 중이었는데, 제주도는 그 과정을 통해 외교·국방을 제외한 중앙정부 대부분의 권한을 가져올 수 있었다. 그러나 조세권이 빠진 이상, 진정한 자치는 불가능하다. 실제로 제주도 재정자립도는 34% 수준에 불과하다. 여전히 국비 지원이 절실한 상태다. 반면 서울시는 재정자립도가 77%에 이른다. 그런데 재정 여력은 좋지만 중앙정부로부터 각종 규제를 받고 있는 현실을 보면 중앙정부가 권한을 내려놓을 가능성은 낮다.

오세훈 서울시장은 얼마 전 열린 '87체제 극복을 위한 지방분권 개헌 토론회'에서 "예산, 인력, 규제의 3대 핵심 권한을 지방에 이양해야 한다"고 주장했다. 서울시장만 그런 것이 아니다. 16개 시도지사 모두가 중앙정부에 권한 이양을 요구하고 있다. 그런데 정작 광역단체가 기초단체와 권한을 나누지 않는 현실에서, 그 주장이 얼마나 설득력을 얻을 수 있을까. 서울시의 중앙 집중은 타 시도보다 훨씬 심각하다. 밖에서 피상적으로 듣던 것들이 실제 구청장이 되어 보니 실로 어이없는 경우가 많았다. "이럴 거면 구청장을 뭐하러 뽑냐. 서울시장이 임명해라"라는 구청장들의 원성도 높다.

나는 자치분권을 무조건적으로 지지하지는 않는다. 과도한 분권은 국가 경쟁력을 떨어뜨릴 수 있고 사회를 혼란스럽게 만들 수도 있다. 하지만 행정을 하다 보면 이 일을 누가 하면 더 효율적일지, 어떤 방식이 리스크를 줄일 수 있을지 자연스럽게 보이기 마련이다. 나는 거창하게 자치분권을 외치기보다는 실질적이고 구체적인 문제를 하나씩 해결하는 방식으로 접근해보았다.

나는 임기 2년 차에 서울시구청장협의회 사무총장을 맡게 되었는데 이때 서울시를 상대로 직접 개선과제를 제안할 기회를 가졌다. 그래서 구청에서 수행하는 것이 훨씬 효과적이라 판단되는 사안 6가지를 추려 서울시에 건의했다. 많은 구청장들이 서울시의 과도한 권한 집중에 대해 불만을 토로하지만, 무작정 많은 것을 요구하다 보면 오히려 본질이 흐려지고 집중력이 떨어지기 십상이다. 그래서 꼭 필요한 것만 정리했다.

첫째, 재정비촉진계획 결정 권한의 위임이다. 구역 면적의 경미한 변경이나 단순 착오 정정조차 서울시에 심의를 받아야 하는 현실은 행정 낭비다. 법상 '경미한 변경'은 시도지사 권한으로 명시되어 있는 만큼 이 권한은 자치구에 내려주는 게 효율적이다.

둘째, 가로수 조성과 관리에 대한 권한 위임이다. 실무는 구청이 하는데 위험수목을 제거하거나 수종을 바꾸려 해도 서울시에 보고와 승인을 받아야 한다. 주민들은 당연히 구청의 권한이라고 여기는데 실상은 이렇게 다르다.

셋째, 공공기여 협상 과정에서 자치구의 참여 보장이다. 도시계획을 통해 민간이 제공하는 기여분을 어떻게 받을지 결정하는 협상 과정에서 자치구는 배제되어 있다. 구체적인 지역의 필요를 가장 잘 아는 자치구 입장이 반영되지 않는 것은 문제가 있다.

넷째, 시·구 매칭 보조사업에 대한 사전 협의 제도화다. 매년 매칭비율이 바뀌고 예고 없이 변경되는 경우가 많아서 자치구 예산 편성에 혼선과 부담을 초래한다. 예산 편성 전에 협의가 이뤄져야 한다는 요구였다.

다섯째, 구 공원 조성계획의 결정권한 위임이다. 지역에는 대형 공원 외에 소공원, 어린이공원 등 작은 공원들이 많이 있다. 이 공원들의 조례에는 자치구 관할 사무로 규정되어 있음에도, 서울시에서는 모든 변경 사항을 심의 받도록 요구하고 있다. 소공원에 경로당을 개축하려 해도 서울시 공원심의를 받아야 하는 것은 행정적 낭비임이 분명하다. 자치구 고유 사무라면 권한도 함께 줘야 한다.

여섯째, 마을버스 노선 조정권한 위임이다. 주민들은 마을버스가 구청 소관이라고 알지만 노선 변경이나 정류장 신설은 서울시 승낙을 받아야 한다. 이처럼 현실과 제도의 괴리가 크다.

이 여섯 가지 안건을 정리하고 협의하는 과정에 무려 5개월이 걸렸다. 각 구청의 의견을 수렴하고 서울시의 관련 부서와 협의하고 서울시장에게도 직접 제안했다. 결과는 기대에 못 미쳤다. 그나마 가로수 관리권한, 그것도 구 도로에 한정된 위임이 실질적 성과였다. 시작부터 어려울 거라 예상했기에 미련은 없다. 하지만 그 과정을 통해 분권의 현실이 얼마나 험난한지 체감하게 됐다.

서울시장이 권한과 책임을 나누려 해도 서울시 공무원조직과 서울시의회의 또 다른 벽을 넘어야 했던 것이다. 나는 그런 경험을 통해 진정한 분권이란 단순히 권한을 나누는 문제가 아니라 실제 행정의 작동 방식과 효율을 따져 구체적으로 접근해야 한다는 것을 절감했다. 우리가 진정으로 원하는 것은 일의 주체가 누구냐보다 그 일이 얼마나 잘 처리되느냐이다. 권한 이양이 행정의 효율성을 높이는 방향으로 이뤄진다면, 분권은 권력다툼이 아니라 협력의 도구가 될 수 있다.

큰 권한을 요구하려는 것이 아니다. 각자 가장 잘할 수 있는 영역을 찾아 책임 있게 맡자는 것이다. 중앙정부, 광역단체, 기초단체가 서로를 신뢰하며 자신이 맡은 바를 제대로 수행할 수 있도록 구조를 설계해야 한다. 중앙정부를 향해 요구하기에 앞서 광역단체부터 기초단체에게 스스로 권한을 나누고 맡은 일을 제대로 수행해내는 자치역량을 먼저 보여야 한다. 그렇게 작은 성공들이 쌓이면 언젠가 진정한 자치분권의 길이 열릴 것이다.

데드포인트를 넘어야 마라톤이다

　등촌역을 향해 가는 길은 오르막의 연속이다. 지칠 대로 지친 러너에게 마지막 오르막은 말 그대로 고통 그 자체다. 마라톤 풀코스를 뛰다 보면 보통 35km 지점에서 데드포인트, 즉 사점에 도달하게 된다. 몸의 에너지는 바닥나고 그 이후부터는 오로지 정신력으로 달려야 한다. 그 고비를 넘어야 진정한 마라톤이 시작된다.

　내가 경험한 지방대회 중에서도 '대구마라톤대회', '여수마라톤대회'에서 힘든 오르막을 올랐던 기억이 있다. 특히 '여수마라톤'은 남해 해안선을 따라 오르막과 내리막이 끝없이 반복되어서 인간의 한계를 시험하는 듯했다. 그에 비하면 등촌역을 향해 오르는 길은 평지처럼 느껴져야겠지만 지친 상태에선 작은 언덕도 몸에 큰 부담을 준다. 인생도 그렇다. 힘이 남아 있을 땐 아무렇지 않던 일이 지쳐 있을 때는 감당하기 벅차다.

　내 인생의 데드포인트 시점은 언제였을까. 아직 오지 않았을지도 모른다. 하지만 돌이켜보면 2016년 국회의원 선거가 내 삶의 한계를 시험한 시기였던 것 같다.

2007년 국회의원 보좌관으로 정치에 발을 들였다. 청와대 정무기획 행정관, 산업통상자원부 장관정책보좌관, 제주도청 서울본부장까지— 정치와 행정에서 여러 경험을 쌓으며 역량을 키웠다. 그 경험을 바탕으로 내 이름을 내건 정치를 시작하고 싶었다.

양천구에서 정치를 시작했기에 양천갑 출마를 생각했다. 하지만 당시 지역구 국회의원이던 길정우 의원이 원희룡 의원을 계승하여 있던 곳이라 대상에서 제외했다. 대신 고향 군포시, 초중고를 보낸 서대문구, 당시 거주 중이던 동작구 등 연고지를 검토했다. 그러던 중 길정우 의원이 불출마를 고민한다는 얘기를 들었다.

길 의원은 외교와 언론계에서 명성이 높았고 인격적으로도 훌륭한 분이었지만 "친박들에게 찍혀서 공천받기 어렵다"는 말이 여의도에 퍼져 있었다.

반신반의하며 길 의원을 만났는데 놀랍게도 사실이었다. 그는 지저분한 정치 현실이 자신에게 맞지 않는다며 조용히 물러날 뜻을 내비쳤고 내 출마 의사에 격려까지 해주었다. 목동이 재건축이라는 큰 과제를 앞둔 시점에 도시공학 박사와 건설 분야 경험이 있는 내가 잘 어울릴 거라는 말도 덧붙였다.

나는 제주도청 서울본부장을 사직하고 즉시 선거 준비에 들어갔다.

양천구에 오래 몸담았지만 인지도가 거의 없는 상태였다. 창피함을 무릅쓰고 빨간색 카우보이 모자를 쓴 채 하루 종일 지역 곳곳을 돌았다. 지역 현안을 공부하고 당원과 주민들을 만나며 '이기재'라는 이름을 알렸다.

그러나 2015년 연말, 길 의원이 다시 출마로 마음을 굳혔다는 얘기가 돌기 시작했다. 얼마 후 길 의원으로부터 직접 메시지가 왔다. 이번 선거는 본인이 출마하겠으니 나에게 다음을 기약하라는 내용이었다.

순간, 마음 한편이 쓸려 내려갔다. 이미 반년을 지역에 올인한 터였다. 매일같이 골목을 누비고, 사람을 만나며 마음을 나누어 온 시간. 멈출 수 없었다. 나는 '완주에 의미를 두겠다'는 다짐으로 선거운동을 계속했다. 비록 결과는 정해져 있었을지라도, 내가 시작한 길은 스스로 끝내야 했다.

지금 돌이켜보면 그때 멈췄어야 했다. 길 의원을 도우며 다음을 준비하는 게 옳은 길이었다. 양천갑은 보수정당에선 '양지'로 꼽히는 지역이었고, 그래서 공천 경쟁이 치열했다. 길 의원이 컷오프되고, 7명의 예비후보 중 신의진 비례 국회의원, 최금락 전 청와대 홍보수석, 그리고 내가 최종 경선에 올랐다. 결선까지 가는 치열한 경선 끝에 내가 새누리당 양천갑 국회의원 후보로 공천되었다.

기쁨은 잠시였다. 경선 후유증이 지역을 휘감았다. 길 의원의 컷오프에 실망한 지지자들, 그리고 경선후보였던 신의진, 최금락 후보를 지지했던 분들의 마음을 돌리기엔 시간이 턱없이 부족했다.

더 큰 악재는 중앙당이었다. 친박을 넘어 진박 감별사가 등장하는 등 당 내부는 혼돈 그 자체였다. 유승민 의원 공천 논란은 막장으로 치달았고, 급기야 김무성 당대표는 당무를 거부하고 영도다리로 향하는 사태까지 벌어졌다. 매일 새누리당 지지율이 1%씩 빠진다는 말이 현실이 되던 시절이었다.

결국 나는 낙선했다. 보수정당이 24년간 지켜온 양천갑 지역에서 패한 첫 후보가 되었다. 그래서 하루아침에 지역구를 뺏긴 죄인이 되었다. 경선에서 이겼을 땐 모든 것에서 칭찬을 받았는데, 본선에서 패하니 모든 것이 비난거리였다. 길을 걷다 주민과 스치면 뒷머리가 따가웠다. 눈길을 피하고 지나가면 등 뒤에서 수군거리는 소리가 들리는 듯했다. 정신이 황폐해지는 기간이었다.

당시 총선에서 '국민의당'의 등장으로 많은 지역에서 3자 구도가 형성됐다. 양천을 지역에서는 국민의당 후보가 20% 이상을 얻어서 보수 후보인 김용태 의원이 이겼지만, 양천갑에서는 국민의당 후보가 본선 등록을 포기해서 양당 대결이 됐다. 지는 선거에선 운도 따르지 않는 것 같다. 선거에서의 과정은 기억되지 않는다. 선거는 오직 승패의 결과만 남긴다. 그 시기가 내 인생의 가장 힘든 데드포인트였다.

만약 내 삶에 더 큰 실패가 없다면 이미 가장 깊은 계곡을 지나온 것이다. 그리고 마라톤처럼 그 고비를 넘고 나면 새로운 자신을 만날 것이다. 더 깊고 단단해진 나를. 그 연단의 시간은 나를 망가뜨린 것이 아니라 나를 만들고 있었다.

세상을 읽는 눈, 상생적 자유주의

나는 토목공학 학사, 도시계획 석사, 도시공학 박사를 전공한 전형적인 공학도다. 그리고 현장 경험도 제법 있는 엔지니어였다. 하지만 다른 공학도와는 달리 학생운동과 정치권이라는 낯선 길을 오래 걸으며 자연스럽게 많은 정치사상과 철학을 접하게 되었다. 그리고 그 세계를 배우고 사유하며 내 삶의 기준으로 삼게 되었다.

젊었을 땐 유명한 사상가들의 책을 읽고 그들의 사유를 따라가며 배우는 데 집중했다면, 나이가 들어 조금 달라졌다. 이제는 내 생각과 가장 맞닿은 사상가가 누구인지, 내가 가진 세계관에 가장 가까운 철학이 무엇인지 찾게 되었다. 머릿속 생각들이 점점 굳어지면서 오히려 새로운 이론을 받아들이는 것보다는 지금의 생각을 정리하고 다듬는 데 더 마음이 갔다.

역사 속 수많은 사상이 등장했다. 나는 "백 명이 모이면 백 가지의 사상이 있다."고 생각한다. 사상가들은 단지 그것을 이론적으로 정리했을 뿐이다. 각자의 시대와 현실을 마주하며 다양한 이론과 비판 속에서 사상의 흐름은 점차 정제되고 깊어져 왔다.

가장 왼편에는 공산주의가 있다. 마르크스와 레닌의 사상은 사회를 생산력과 생산관계로 해석하고, 역사의 종착지로 공산주의 사회를 내세운다. 그 과정에서 계급투쟁과 혁명은 방법론이 된다. 그러나 인간의 불완전성에 대한 성찰이 부족하고 그 지향점이 지나치게 이상적이며 방법은 위험했다.

반면 보수주의는 에드먼드 버크의 사상으로 대표된다. 그는 프랑스혁명을 비판하며 급진적 변화보다는 점진적인 개혁을 주장했다. 자유는 무한한 권리가 아니라 전통과 공동체의 질서 안에서 조화롭게 행사되어야 한다는 입장이었다. 인간은 불완전한 존재이기에 지나친 이상주의나 과도한 혁명은 위험하다는 그의 시각은 '자유'에 보수적 균형을 부여했다. 그러나 현실에서는 기득권을 유지하는 수단으로 이 사상이 동원되기도 했다.

자유주의 창시자로 불리는 존 로크나 자유시장경제를 옹호한 하이에크 철학은 개인의 자유를 극대화하는 데 방점을 둔다. 하지만 이들은 사회의 그늘진 곳을 제대로 들여다보지 못했다. 양지에서만 자유를 노래하고 음지의 목소리엔 귀를 닫는 한계가 있었다.

그런 의미에서 존 스튜어트 밀의 사상은 좀 더 다채롭고 설득력이 있다. 그는 『자유론』에서 "타인에게 해를 끼치지 않는 한 개인은 자신의 삶을 자유롭게 선택할 권리가 있다"고 선언하며, 자유주의에 인간 중심의 관점을 덧붙였다. 교육과 정보의 평등을 실질적 자유의 전제 조건으로 보았고, 간섭하지 않는 자유를 넘어서 실질적 기회와 선택의 자유를 강조했다. 그의 철학은 약자 보호와 차별 해소를 자유의 확장으로 이해하며 현대 복지국가의 토대를 놓았다.

그렇다고 해도 오래된 사상가들의 이론이 언제나 마음에 닿는 것은 아니다. 때로는 너무 어렵고, 또 어떤 때는 우리가 사는 현실과는 잘 맞지 않는 것도 있다. 그렇게 내 생각에 가까운 철학을 찾던 중 이근식 교수의 '상생적 자유주의'를 만났다.

책에서 느꼈던 논리 전개는 인상적이었다. 직접 찾아가 한국 사회의 병리와 정치 해법에 대해 여쭤보기도 했다. 이근식 교수의 언변은 책만큼 풍성하진 않았지만 그 안에 담긴 사유는 진중하고 분명했다.

물론 나는 이 교수의 제자도 아니고 그의 사상을 그대로 따르지도 않는다. 다만 바람이 불 때마다 흔들리지 않는 생각의 기둥이 필요할 때 나를 붙잡아주는 도구가 된다.

'상생적 자유주의'는 말 그대로 자유를 추구하되, 그 자유가 모두를 위한 상생의 길로 이어져야 한다는 믿음을 담고 있다. 내 정치적 기조이기도 하다. 갈등을 조장하는 자유가 아니라 공존을 이끄는 자유. 약자를 짓밟는 자유가 아니라, 함께 일어서는 자유.

결국 정치는 철학 위에 세워지는 것이다. 철학이란 거창한 이론이 아니라 세상을 어떻게 이해할 것인지 사람을 어떻게 대할 것인지에 대한 태도다. 그리고 그 태도가 나를 만들고 내가 만든 정치가 다시 세상을 만든다.

공존, 상생, 신뢰를 꿈꾸며

한국 사회는 지금 수많은 문제로 몸살을 앓고 있다. 소득 양극화와 세습되는 불평등, 저출산과 초고령화, 무너져가는 공교육과 돌봄의 위기, 해결되지 않는 청년문제와 젠더 갈등, 혐오와 대립이 일상이 된 정치환경까지. 이 복잡하고 무거운 문제들은 단지 정책의 실패나 경기침체 때문에 생긴 것은 아니다. 보다 근본적으로는 우리 사회가 어떤 가치를 중심에 두고 살아가야 할지에 대한 방향성과 철학의 부재에서 비롯되었다.

문제가 심각할수록 철학은 더욱 중요해진다. 사회를 어떻게 볼 것인가, 어떤 방향으로 이끌 것인가에 대한 기준이 있어야 비로소 해결의 실마리가 잡힐 수 있다. 바로 그 지점에서 내가 주목한 철학이 '상생적 자유주의'다.

상생적 자유주의는 자유주의의 전통을 계승하면서도 그 한계에 대한 비판적 성찰 위에서 재구성된 사상이다. 이근식 교수는 진정한 자유는 "관계 속에서 실현된다"라고 말한다. 그는 이를 '관계적 자유'라고 개념화했다. 모든 자유는 누군가의 노동, 헌신, 노력 위에 존재하며 개인의 자유 또한 타인의 책임과 연결되어 있다는 것이다. 즉 자유는 고립된 개인의 속성이 아니라 타인과의 관계 속에서 상호적으로 이루어지는 가치라는 관점이다.

이러한 시각은 분배 정의에도 새로운 원칙을 제시한다. 바로 '기여도의 원칙'이다. 사회와 공동체에 얼마나 실질적으로 기여했는가를 분배와 보상의 기준으로 삼자는 것이다. 여기서 '기여'란 단지 시장에서 평가되는 생산성만을 뜻하지 않는다. 교육, 돌봄 등 공동체 유지에 필수적이지만 지금껏 저평가되어 온 영역들까지 포함된다. 이 원칙은 '기회의 평등'과 '기본재의 제공'을 넘어서, 실질적 공동체 유지의 기여에 따른 정당한 평가를 가능하게 한다. 이 점에서 상생적 자유주의는 좌파 철학과도 분명한 차이를 갖는다.

이러한 철학은 복지정책을 넘어 모두가 공동체에 기여할 수 있도록 돕는 '능력 기반의 평등'을 지향한다. 냉혹한 능력주의도 무조건적인 평등주의도 아니다. 누구나 자기만의 방식으로 기여하고, 이 기여가 존중받고 보상받는 구조. 바로 그 구조야말로 우리 사회가 나아가야 할 방향이라는 메시지를 담고 있다.

또한 이 철학은 세대 간, 계층 간, 젠더 간 갈등에도 균형 잡힌 해법을 제시한다. 지금의 갈등은 "누가 더 많이 가졌는가"에서 시작되지만 만약 "누가 얼마나 공정하게 기여했는가"로 질문을 바꾼다면 사회는 훨씬 다른 방향으로 나아갈 수 있다. 남녀노소, 세대와 계층을 막론하고 각자가 다르게 기여하고 있는 현실을 제도적·문화적으로 인정하고 존중하는 구조가 필요하다.

결국 상생적 자유주의는 이런 질문을 던진다.

"무엇을 더 줄 것인가"가 아니라 "어떻게 함께 살아갈 것인가."

철학 없는 분배보다 함께 살아가는 방법에 대한 고민이 더 중요하다는 것이다. 경쟁이 아닌 상생, 고립이 아닌 연대, 권리와 책임을 나누는 자유주의. 이것이 한국 사회가 추구해야 할 새로운 기준이자 해법이다.

나는 한때 실용주의에서 해답을 찾으려 했다. 이명박 대통령도 실용주의를 외쳤고, 지금의 이재명 대통령도 실용을 강조한다. 많은 정치인들이 '이념보다 현실', '효율과 결과'를 앞세우며 실용주의를 말한다. 실용주의자인 윌리엄 제임스는 "진리는 그것이 유용할 때 진리다"라고 했고, 찰스 퍼스는 "생각의 의미는 그것이 초래할 결과 속에 있다"고 말했다. 이 말들은 이념에 지친 사람들에게 단비처럼 들린다.

하지만 나는 실용주의가 철학이라기보다는 도구에 가깝다고 생각한다. '흑묘백묘론'처럼 필요에 따라 꺼내 쓰는 실용주의는 이념과 다른 궤적에 존재한다. 양과 음이 존재하듯 보수와 진보는 영원히 존재할 세계관이다. 그 시대에 맞게 옷을 바꿔 입을 수는 있겠지만 철학이 없는 실용만으로 세상을 이끌 수는 없다.

내가 꿈꾸는 세상을 그려본다.

정치적 공존, 경제적 상생, 사회적 신뢰.

보수도 진보도 자기 길을 주장할 수 있다. 중요한 건 누가 더 유능하게 더 효율적으로 그 길을 실현하느냐. 결과를 보여주고 그 결과를 국민이 선택하게 해야 한다. 그것이 진정한 정치다. 내가 그리는 정치는 바로 그 지점에서 출발한다.

잘린 가지의 새순이 더 풍성하다

나는 식물을 좋아한다. 한때 다육이에 푹 빠져 지방에 갈 때마다 농장을 찾아다니며 예쁜 녀석들을 하나둘 데려왔다. 아파트 베란다 환경이 그리 좋지는 않아 귀한 아이들을 떠나보낸 적도 많았지만 열악한 조건에서도 꿋꿋하게 살아남은 아이들은 지금도 정성껏 돌보고 있다.

다육이는 신기한 생명체다. 줄기를 잘라내면 그 자리에서 어린 얼굴들이 뾰족뾰족 솟아오른다. 떨어진 잎 하나에서도 새순이 자라난다. 오히려 손을 대면 댈수록 더 풍성해진다. 상처가 지나간 자리에서 더 많은 생명이 움튼다. 그 생명력은 나를 늘 감동시킨다.

2016년 국회의원 선거에서 낙선했을 때, 세상이 끝난 것 같았다. 하지만 시간은 묵묵히 흘러가며 내게 다시 일어설 기회를 줬다. 정치의 꿈을 포기할 수 없어서 방송패널로 평론가 활동을 이어갔다. YTN, 연합뉴스TV, MBN 등에 고정출연하며 정치 현안에 대한 생각을 정리하고 세상과 나눴다. 방송으로 얼굴도 알리고, 한 번 출마했던 인지도가 있기 때문에 2020년 국회의원 선거 에서는 반드시 당선되겠다고 다짐했다.

그러나 이번엔 공천의 벽이 있었다. 2016년엔 김무성 당대표가 경선을 원칙으로 진행했다면, 2020년 공천은 무원칙한 전략공천이 난무했다. 듣도 보도 못한 사람들이 지역에 내려오고, 현역 의원들을 마치 인사 이동시키듯 다른 지역구로 회전시켰다. 황당한 공천의 결과는 총선 참패. 나 역시 출마 기회를 얻지 못한 채 또다시 고배를 마셔야 했다.

총선은 4년마다 돌아온다. 한 번의 기회를 놓치면 네 살이 더해진다. 기약 없는 세월을 준비하며 살아간다는 것, 경험해보지 않은 사람은 그 괴로움을 알기 어렵다.

2022년 지방선거가 다가오자 주변에서 구청장 출마를 권유했다. 처음엔 화부터 났다. "내가 부담스러워서 그러냐"고 캠프 관계자들에게 쏘아붙이기도 했다. 하지만 그들의 주장은 일리가 있었다. "도시계획 전공에 다양한 실무 경험과 추진력까지 갖췄으니 행정가가 더 어울린다"는 말.

실제 구청 행정의 절반 이상은 기술직 업무다. 도시계획, 건축, 공원, 도로 같은 기반시설 인프라까지. 산업부와 제주도청의 행정 경험까지 고려하면, 나만큼 바로 실무에 투입될 수 있는 사람도 드물었다. 재건축과 재개발, 신정차량기지 이전, 목동운동장 일대와 서부트럭터미널 개발, 국회대로 공원화 사업까지. 양천의 숙원 과제 대부분이 내 전공과 맞닿아 있었다. 더 이상 기약 없는 선거만 기다릴 수 없었던 나는 출마를 결심했다.

우여곡절 끝에 공천 배제 시도를 버텨냈고, 경선 여론조사에서 승리해 후보가 됐다.

본선은 압도적인 승리였다. 주민들의 간절한 재건축·재개발 열망과 도시 전문가로서의 장점이 잘 맞아떨어졌다. 오세훈 시장의 높은 지지율도 긍정적인 영향을 줬다.

구청장이 된 뒤에는 그동안 쌓아온 경험과 역량을 행정에 그대로 녹일 수 있어서 대부분의 일들이 익숙했다. 양천의 비전을 만들고 숙원과 제들을 하나하나 해결해갔다. 민원을 내 가족 일처럼 생각하며 챙겼다. 직원들도 잘 따라줬고 100가지 공약 대부분을 이행하거나 정상 추진하고 있다. 그 결과 한국메니페스토운동본부의 공약이행평가에서 연속으로 최우수 등급을 받았다.

빠르게 일하되 오버페이스는 하지 않았다. 끝까지 달릴 수 있는 속도로 꾸준히 달렸다. 마라톤을 21번 완주한 사람으로서, 나는 안다. 완주는 결코 속도로 결정되는 게 아니라는 것을. 중요한 건 포기하지 않는 마음이다.

오늘도 완주 기록을 쌓았다. 양천구 지도 한 바퀴, 약 27km를 4시간 동안 달렸다. 나는 오늘도 나아갔다. 비록 조금 늦을지라도 포기하지 않으면 끝내 도착할 수 있다는 진리를 믿으며.

잘린 가지에서 새순은 더 풍성하게 돋는다. 고통이 지나간 자리에 생명이 움트듯 좌절이 지나간 자리에 다시 시작이 움튼다. 완주의 기쁨은 고통스러웠던 기억들을 환희로 덮는다.

그래서 나는 내일도 다시 운동화 끈을 묶는다. 다시 달리기 위해. 다시 시작하기 위해. 오늘보다 나은 내일을 만들기 위해. 끝내 멈추지 않는 자만이 도달할 수 있다는 것을 나는 안다. 내가 걸어온 길이 그 증거이고 앞으로 나아갈 길 또한 그렇다.

포기하지 않는 마음이 결국 세상을 바꾼다.

대한민국 최고의 교육,
혁신 허브로 도약하는 양천구

서울 서남부에 위치한 주거 밀집지역인 양천구는 서울에서 가장 큰 학원 지역 중 하나인 목동이 있습니다. 이 지역은 사교육 산업으로 유명하며, 많은 아이들이 명문대학 입학을 목표로 하고 있습니다. 이기재 양천구청장에 따르면, 양천은 유아부터 노년에 이르기까지 모든 학습 요구를 충족하는 종합 교육 허브로 변모함으로써 교육 분야에서의 입지를 확장하고자 합니다.

"양천은 대한민국의 선도적인 교육 도시로 성장하고자 합니다."라고 이 구청장은 코리아헤럴드와의 인터뷰에서 밝혔습니다. "저는 모든 세대에 걸친 진학, 진로, 미래 지향적 교육 및 평생 학습을 통합하여 양천의 지속적인 발전을 가능하게 할 것입니다."

그는 개인 맞춤형 상담부터 4차 산업혁명에 대비한 프로그램까지 다양한 서비스를 제공하는 커뮤니티 센터인 양천교육지원센터를 예로 들었습니다. 이곳은 교육 컨트롤 타워로서 대학 입시 상담, 학습 상담, 자기주도 학습 코칭 등 학습 지원을 제공할 것입니다. AI, 로봇공학, 코딩 교육 접근성을 보장하기 위해 여러 곳에 미래 교육 센터를 설립할 계획이라고 이 구청장은 설명했습니다.

이 구청장은 양천을 학업 기간이 지나도 계속 머물러 모든 연령대의 주민들이 혜택을 누릴 수 있는 평생 학습 커뮤니티로 구상하고 있습니다. "양천은 개인이 평생학습을 추구할 수 있는 장소로 진화하고 있습니다."라고 이 구청장은 말했습니다. 이 같은 목표를 지원하기 위해 구는 온라인 평생학습통합포털을 개설하여 지역 전역에서 이뤄지고 있는 1,560개 이상의 강의 정보를 제공합니다.

대부분의 평생학습 시설과 강의들이 구의 다른 지역에 집중되어 있는 점을 감안해 이 구청장은 이러한 자원을 신월동과 같이 지역 내 소외되었던 지역으로 확장하여 양천의 교육 제공을 강화하고자 합니다. 이러한 교육 격차를 해소하기 위해 새로 설립된 신월평생학습센터는 맞춤형 전문 강좌와 자격증 프로그램을 제공합니다. "이 프로그램들은 요리, 공예, 원예 수업 등을 통해 개인 개발을 촉진하며, 취업 및 창업 기회를 제공합니다."라고 이 구청장은 말했습니다.

양천의 교육 도시 정체성을 강화하기 위한 일련의 정책 중 가장 중요한 것은 'Y교육박람회'입니다. "기초지자체가 주최하는 최초의 대규모 교육 엑스포로, 선도적인 교육도시로서 양천의 위상을 전국에 알립니다."라고 이 구청장은 강조했습니다.

2022년 7월 취임 이후 이 구청장은 Y교육박람회를 구상해왔으며, 2023년 9월과 2024년 5월에 개최된 행사는 큰 성공을 거두었습니다. 이 Y교육박람회는 앞으로 매년 개최되어 양천의 교육 허브 명성을 더욱 공고히 할 것이라고 양천구 관계자들은 설명했습니다.

"Y교육박람회는 양천의 교육 강점을 활용하여 전국의 인재들과 전국적 관심을 끌어들입니다."라고 이 구청장은 강조했습니다. 올해 53,000명 이상의 방문객을 맞아 구를 활기찬 교육 플랫폼으로 만들었습니다. 이 Y교육박람회는 전통적인 학문 경로뿐만 아니라 교실을 넘어서 미래 교육 패러다임에도 대응하고자 설계됐습니다. 따라서 Y교육박람회는 ChatGPT 영어 말하기 대회, 드론축구 토너먼트 등 다각적인 프로그램을 통해 혁신 교육에 대한 증가하는 수요에 대응하고 있습니다.

이 구청장은 양천의 교육특화 구 이미지를 강화할 뿐만 아니라 자신의 현재 임기 내에 주택 재건축 및 김포공항 항공기 소음 등의 구의 오랜 문제도 해결할 것을 약속했습니다.

양천은 현재 목동아파트 재건축을 중심으로 한 다양한 도시개발을 진행 중입니다. 이 프로젝트는 주거 인프라를 개선할 뿐만 아니라 생활수준을 높이는 커뮤니티 중심의 공간을 조성합니다. "취임 이후, 저는 양천을 새로운, 미래 지향적인 도시로 발전시키는데 모든 노력을 집중해왔습니다. 현재 구의 64개 지역에서 재건축 및 재개발이 활발하게 진행 중입니다."라고 이 구청장은 설명했습니다.

이중 선두에 있는 목동 6단지는 지난 7월에 최고 49층까지의 랜드마크 고층 건물로 탈바꿈하기 위한 개발 계획을 확정했습니다. 이와 동시에 교통, 공공청사,

학교, 사회복지시설 등 필수 공공인프라가 재건축·재개발 프로젝트의 진행 속도에 맞춰 예정대로 개발될 수 있도록 행정지원을 차질 없이 추진하고 있다고 이 구청장은 설명했습니다.

이 구청장은 서부트럭터미널을 양천구의 중요한 도시 첨단 물류 복합단지로 변모시켜 양천구에 큰 변화를 가져올 것이라고 설명했습니다. 이 개발은 약 99,000㎡의 화물 창고를 지하로 이전하고, 지상에는 대형 쇼핑센터와 주거 시설이 들어설 예정입니다. "이 일대는 최고 25층 높이, 연면적 총 790,000㎡ 규모의 첨단복합 물류단지가 조성돼 신정과 신월 지역의 랜드마크로 만들 것입니다."라고 이 구청장은 강조했습니다. 이 프로젝트에는 수영장, 볼링장 등의 편의 시설을 갖춘 신정체육센터 건립도 포함되어 있으며, 물류시설 운영으로 약 5,500개의 일자리를 창출할 것으로 예상됩니다. 구는 내년에 건설을 시작해 2028년까지 완공하는 것을 목표로 하고 있습니다.

동시에, 목동종합운동장 일대는 문화 및 스포츠 복합단지로 재개발될 예정입니다. 이 사업은 서남권 균형발전을 위한 핵심 프로젝트로서, 이는 서울시의 전폭적인 참여 속에 스포츠 시설과 잠실올림픽공원과 같은 녹지공간을 결합하는 것을 목표로 하고 있습니다. 또한, 김포 및 인천 국제공항과의 근접성을 활용하여 새로운 MICE 시설의 건설을 계획하고 있습니다. "이 야심 찬 계획은 2025년에 용역을 거쳐 세부사항이 확정될 것이며, 프로젝트가 완성되면 목동운동장 일대는 서울 서남권을 대표하는 신성장 혁신축이 될 것이라고 예상됩니다."라고 이 구청장은 밝혔습니다.

또한, 양천은 김포공항과의 근접성에서 발생하는 항공기 소음 문제를 적극적으로 해결하고 있다고 이 구청장은 말했습니다. 김포공항 소음의 영향을 받는 소음 대책지역 중 양천구의 피해가구 비율이 51.3%에 달하는 만큼 양천은 재산세 감면을 포함한 상당한 지원 대책을 도입하고, 포괄적인 공항소음대책 종합지원 센터를 설립하고, 청력 관련 지원을 제공하고 있다고 이 구청장은 설명했습니다.

또한, 구는 만성 소음으로 피해를 입은 주민들을 위해 항공 사용료를 지원합니다. 매년 국내선은 4,000원, 국제선은 17,000원을 지급합니다. 또한, 주민들이 야간에 방해받지 않도록 국토교통부 및 한국공항공사에 야간 비행 운항을 한 시간 줄이도록 지속적으로 요청하고 있습니다. 구는 9월에 신월동에서 대규모 락 페스티벌을 개최하며 이는 즐거운 음악을 통해 소음으로부터의 휴식을 제공하는 데 목적을 두고 있습니다.

"앞으로 남은 2년여의 임기 동안 저는 지금까지 했던 것처럼 현장에서 해답을 찾기 위해 계속 헌신할 것이며, 양천을 살기 좋은 지역사회로 만들기 위해 끊임없이 노력할 것입니다."라고 이 구청장은 말했습니다.

숨과 땀의 기억

전국대회 풀코스 _ 완주의 기록

2019년
동아서울국제마라톤대회
37km 지점 통과 中

생애 첫 완주, 그 눈물과 기쁨의 순간

_ 2016 중앙서울마라톤대회 참가 기록지

생애 첫 번째 마라톤 풀코스를 완주했다. 첫 완주를 목표로 2016 중앙서울마라톤을 선택했고, 여름부터 34주간의 클럽 훈련에 참여했다. 훈련의 일환으로 두 차례 대회에도 출전했다. 하프는 2시간 4분, 32km는 2시간 54분. 처음에는 완주 자체가 목표였고, 기록에 욕심은 없었다. 하지만 훈련을 거듭할수록 자신감이 붙었다. '이왕이면 서브4로 완주해보자.' 그렇게 목표가 생겼다.

하지만 그 목표는 과욕이었다. 온몸이 뒤틀리는 고통과 좌절을 겪고 나서야 겨우 결승점을 통과할 수 있었다. "땀은 거짓말을 하지 않는다"는 진리를 그날 처절하게 배웠다. 달리기를 시작한 지 5개월, 주 3회, 월 150km 훈련, 최대 장거리 36km 경험. 그 정도 준비로 첫 마라톤을 서브4로 완주하겠다는 생각은 지나친 욕심이었다.

천천히 달렸다면 더 기분 좋게 완주했을지도 모른다. 욕심은 기록을 무너뜨리고 고통을 남겼다. 그날 이후로 나는 알게 되었다. 달리기는 성취의 운동이기 전에 겸손의 운동이라는 것을.

전날 잠을 이루지 못한 탓에 출발부터 긴장감이 맴돌았다. '대회 전날은 푹 쉬라'는 조언을 지나치게 의식해 낮잠을 자고 일정을 비웠더니 오히려 밤에는 잠이 오지 않았다. 양 한 마리, 양 두 마리… 숫자를 셀수록 잠은 멀어지고 불안감은 커져만 갔다. 거대한 목장을 양으로 가득 채운 후에야 겨우 잠이 들었던 것 같다.

대회 당일 아침, 초보자의 분주함은 어김없이 찾아왔다. 영양떡, 키네시올로지 테이프, 파워젤, 마라톤 시계… 들은 건 많고 해본 건 없으니 낯설고 어색했다. 잠실운동장엔 인파가 넘쳤고 드론은 하늘을 날았다. 설렘과 긴장이 교차했다.

출발 신호와 함께 달리기 시작했지만 곧바로 소변감이 왔다. 준비를 다 했다고 생각했는데 정작 중요한 걸 놓쳤던 셈이다. 그 불편함은 끝까지 나를 따라다녔다.

그래도 초반 발걸음은 가벼웠다. 같은 클럽회원인 김민자 님, 윤재순 님이 동반주를 해준 덕분에 외롭지 않았다. 5km까지는 6분 페이스를 유지했다. 하지만 5km를 넘기며 '4시간 페이스메이커'를 따라잡자는 말에 속도가 붙었고, 이내 페이스가 무너졌다. 10km까지 56분 37초, 하프는 1시간 57분 42초였지만, 그때부터 급격히 체력이 떨어지기 시작했다.

시흥사거리부터 반환점까지의 코스는 악몽이었다. 심리적으로 위축되고, 체력은 바닥났다. 서울공항 앞에서 공군부대에 근무하고 있을 아들이 생각나 자세를 고쳐보려 했지만 이미 몸은 말을 듣지 않았다.

33km 이후부터는 걷고 뛰기를 반복했다. 돌아오는 언덕은 태산처럼 느껴졌고, 파워젤조차 입에서 거부감을 일으켰다. 하용영 클럽회장님이 나팔을 불고 앞장서며 힘을 북돋워주었고 덕분에 포기하지 않고 나아갔다.

41km, 잠실사거리가 눈에 들어왔다. 마지막 남은 기운을 끌어모아 결승점을 향해 달렸다. 권춘란 님이 건네준 월계관을 쓰고 최대한 멋지게 피니시 라인을 통과했다. 눈시울이 뜨거워졌다. 생애 첫 풀코스 완주. 몸이 뒤틀리는 사투를 벌였지만 그래도 포기하지 않고 끝까지 뛰었다.

기록은 4시간 18분 41초. 목표에는 못 미쳤지만 완주 그 자체가 벅찬 감동이었다. 부족한 훈련 양에 비해 기록에 욕심냈던 자신에게 부끄러웠다. 전반부를 오버페이스 하지 않았으면 어땠을까 하는 아쉬움이 남는다.

흘린 땀에 더 솔직하고 겸허해야겠다는 교훈을 얻은, 내 인생의 소중한 첫 마라톤이었다.

엉겁결에 페이스메이커가 되어준 김민자 님, 윤재순 님, 훈련을 도와주신 강태원 훈련부장님, 그리고 목동마라톤클럽 모든 회원들에게 진심으로 감사드린다.

나는 오늘, 나를 이겼다

_ 2017 춘천마라톤대회 참가 기록지

정말 많은 준비를 했다. 1주일에 세 번 이상, 매번 12km 이상의 달리기를 기본으로 삼았다. 40km, 42km에 이르는 로드 LSD 훈련도 거듭했고, 문화일보 평화마라톤 풀코스에도 참가했다. 그 대회에서 기대 이하의 결과를 얻은 뒤에는, 다시 홀로 30km의 LSD를 달리며 부족함을 채웠다.

식단 관리에도 철저를 기했다. 대회 일주일 전, 3일간은 소고기 위주의 식단으로 탄수화물을 끊었고, 이후 3일간은 고구마, 국수, 밥 등 탄수화물로 전환했다. 그렇게 체중이 1.5kg 가까이 빠졌다가 다시 회복되는 과정을 거쳤다. 급격한 체중 변화는 아마추어 마라토너에게 권장되지 않는다는 조언도 들었지만 이번만큼은 해볼 수 있는 건 다 해보고 싶었다. 실제로 이후 경기에서 그 효과를 실감했다.

2주 전부터는 술자리를 피했고, 대회 1주 전부터는 술을 완전히 끊었다. 500ml 생수병을 옆에 두고 물을 자주 마셨고, 이틀 전에는 바디 마사지를 받아 체형의 비대칭을 교정하고 근육을 풀었다. 외부 활동도 최대한 억제하며 컨디션 조절에 집중했다.

출발 전날, 모든 준비물을 점검했고 아침에 일어나자마자 발바닥, 종아리, 허벅지 안팎에 동전파스를 붙였다. 종아리에는 키네시올로지 테이프도 붙였다. 마지막 훈련 때 종아리에 쥐가 나는 전조가 있었기 때문이다.

대회 당일, 목동마라톤클럽은 파리공원에 모였다. 새벽 5시 20분까지 집결해 대절한 버스로 이동했다. 차량 안에서 찹쌀밥, 김치, 김, 바나나 등으로 식사를 마쳤다. 몸이 가볍고 최상의 컨디션이었다.

춘천에 도착해서는 클럽 회원들과 스트레칭을 하고, 100m 정도의 저속 왕복 달리기로 몸을 풀었다. 체력 소모를 우려해 질주는 하지 않았다. 소변도 억지로 보며 마지막 컨디션 조절을 마쳤다.

날씨는 쌀쌀했지만, 달리기에는 최적이었다. 민소매와 반바지만으로는 추웠기에 준비한 우비로 체온을 유지했다.

나는 D그룹 후미에 섰다. 동아일보 마라톤에서 4시간 13분을 기록한 바 있어 해당 그룹에 배정된 것이다. 석낙희 고문이 페이스메이커로 함께했다. 출발 전 대회의 공식적인 4시간 페이스메이커는 5분 40초 페이스로 시작해 중반에 5분 20초까지 속도를 올릴 계획이라고 설명했다. 석 고문도 그 흐름에 맞춰가자고 했다.

출발 후 첫 5km는 철저히 속도를 억제했다. 오버페이스로 인해 앞서 4차례 풀코스에서 서브4에 실패한 경험이 있기 때문이다. 첫 5km는 28분 34초. 몸 푸는 조깅 수준으로 부담 없었다. 초반 언덕도 무난히 넘었고 내리막에서는 자연스러운 흐름에 몸을 맡겼다. 석 고문이 먼저 속도를 냈지만 내가 따라붙지 않자 곧 속도를 늦췄다.

피암터널 두 개를 지나며 러너들의 함성이 터졌지만 군중심리에 흔들리지 않으려고 노력했다. 의암댐을 건너며 마주한 가을 풍경은 장관이었다. 붉게 물든 산, 푸른 호수, 그리고 그 위를 수놓은 러너들. 자연과 인간이 어우러진 이 아름다운 광경 속에서 나는 다시 한 번 달리기의 희열을 느꼈다.

10km 이후에도 급수대를 빠짐없이 활용했고 다양한 에너지 보충 식품들을 적절히 섭취하며 체력을 유지했다. 공급이 있어야 에너지를 낼 수 있다는 교훈을 새삼 실감했다.

12km 지점에서는 소변 욕구가 올라와 도로 옆에서 잠시 멈춰야 했다. 페이스메이커였던 석 고문은 비우고 가는 게 좋다고 조언했다. 30초의 손실이 있었지만 그만큼 몸은 더 가벼워졌다.

하프 지점을 1시간 59분 21초에 통과했다. 생각보다 좋은 기록이었지만, 여전히 여유를 부릴 순 없었다. 4시간 페메 그룹과 함께 달리는 동안 리듬을 유지했고 춘천댐으로 이어지는 언덕 구간도 페이스를 늦추지 않고 뛰었다. 훈련하지 않은 언덕이었지만 묘하게 편안했다.

30km를 넘어서면서도 큰 흔들림 없이 페이스를 유지했다. 하지만 35km 지점, 체력이 급속히 떨어지기 시작했다. 햇볕은 강해졌고 숨도 차올랐다. 속도를 조금 늦추며 호흡을 조절했다.

40km를 넘어서며 소양2교가 눈에 들어왔다. "다 왔다"는 외침과 함께 마지막 1km를 가속했고, 500m는 이를 악물고 달렸다. 41km 지점, 목동마라톤클럽의 북소리와 응원은 마지막 남은 힘을 끌어냈다.

결승선을 통과한 시간은 3시간 57분 01초. 생애 첫 서브4.

그 순간, 기록보다 더 감격스러운 것은 내 한계를 넘었다는 사실이었다. 고된 훈련, 수없이 반복된 실패, 그리고 나를 믿고 달려온 시간들이 만들어낸 결실이었다.

나는 오늘, 스스로에게 졌던 모든 날들을 이겼다.

서브 330, 나를 믿게 된 순간

_ 2019 동아서울마라톤대회 참가 기록지

2019년 3월 17일, 동아서울마라톤대회가 끝났다. 38,500명이 함께한 국내 최대 규모의 이 대회는, 날씨마저 완벽했다. 기온은 2도에서 10도 사이, 맑고 청명한 봄날. 미세먼지도 사라진 하늘 아래 나는 11번째 마라톤 풀코스에 도전했다.

이번 대회의 목표는 '서브 330', 즉 3시간 30분 안에 완주하는 것이었다. 완주를 목표로 시작해 서브4를 이루었고, 이제는 3:30이라는 도전에 나선 것이다. 하지만 그 목표는 단순한 기록 향상이 아니었다. 나에게 있어 3:30은 마라톤 인생의 최대 목표이자, 한계에 대한 도전이었다.

마라톤을 처음 시작한 것은 국회의원 선거에서 낙선한 3년 전이었다. 좌절감 속에서 나를 다시 일으켜 세운 건 달리기였다. 그 후로 몇 차례 부상과 선거운동으로 공백은 있었지만 마라톤은 내 삶의 한 축이 되어 있었다. 달릴 때면 모든 생각이 사라지고 오직 내 몸과의 싸움만 남는다. 그 끝에 얻는 성취감은 말로 설명할 수 없는 희열이다.

달리기를 통해 체력과 끈기를 얻었지만 대가도 있었다. 술자리를 줄이다 보니 관계가 좁아졌고, 얼굴 살이 빠지면서 "그 얼굴로 정치하겠냐"는 말도 들었다. 하지만 나는 알고 있다. 땀으로 얻은 자신감은 겉모습 이상의 힘을 준다는 것을.

이번 대회를 위해 식이요법까지 철저히 했다. 대회 6일 전부터 3일간은 고기만, 나머지 3일은 탄수화물 중심으로 식단을 구성했다. 소금조차 찍지 않고 고기를 먹었고, 아내는 까다로운 식단을 맞춰주느라 애를 많이 썼다. 몸무게는 66kg까지 줄었다가 탄수화물 섭취 후 68kg으로 대회에 나섰다.

아침 6시, 파리공원에 모인 목동마라톤클럽 회원들. 우리는 두 대의 버스를 타고 광화문으로 향했다. 짐을 맡기고 준비운동을 하며 마음을 다잡았다. 나는 B그룹에서 8시 7분에 출발했다. 클럽 훈련팀장 강태훈 님이 3:30 목표의 페이스메이커를, 클럽회장 이의신 님도 동반주자로 함께해줬다. 이 대회에서 3:30을 목표로 뛴 이는 나와 윤재순, 정진영, 장태진.

도심을 가로지르는 초반 코스에서, 컨디션은 괜찮았고, 강태훈 님과 이의신 님의 든든한 보호 아래 발걸음은 가벼웠다. 하프 지점에서 박카스와 파워젤을 받았다. 1시간 43분 40초. 1분 20초밖에 줄이지 못해 마음이 조급해졌다.

그때 종아리에 쥐가 오는 신호가 느껴졌다. 종아리의 불안은 이후 계속되었다. 오른쪽과 왼쪽을 번갈아가며 쥐가 찾아왔고 속도는 점점 떨어졌다. 30km까지는 4분 57초/km 페이스였지만 이후 5분 10초/km로 늦춰졌다. 윤재순, 정진영은 앞서 나가고 나는 3:30 그룹에서 점점 뒤처졌다.

36km 지점, 잠실대교 입구. "여기서 페이스 회복 못하면 3:30은 물 건너갑니다." 강태훈 님의 말이 번개처럼 내 머리를 때렸다. 가슴이 먹먹했다. '여기서 무너지면 안 된다. 마지막 기회다.' 이를 악물고 다시 속도를 끌어올렸다. 하지만 다리는 말을 듣지 않았다. 쥐가 반복되며 속도를 늦춰야 했다. "5km만 버티자.", "3km만⋯", "2km만⋯".

결승점이 가까워지면서 속도를 내고 싶었지만 종아리가 굳어버리면 끝장이라는 생각에 조심스러웠다. 강태훈 님은 끝까지 페이스를 조절해 줬고, 나는 마침내 3시간 29분 16초로 결승선을 통과했다. 목표를 이룬 순간이었다.

쥐가 나서 포기할 수도 있었던 상황. 그러나 마지막 대회가 될 수도 있다는 절박함 속에서 내 몸은 나를 배신하지 않았다. 너무나 고마웠다. 이번 마라톤은 단순한 기록을 넘어 앞으로 어떤 어려움도 이겨낼 수 있다는 자신감을 안겨준 인생의 전환점이었다.

이 책은 내 인생의 첫 번째 책이다. 그래서 더 많은 시간과 애정을 쏟았다. 전문 작가에게 맡기지 않았다. 초고는 보좌관과 함께 토론하며 도움을 받았고, 그 위에 나의 생각과 경험, 그리고 삶의 철학을 하나하나 직접 입혔다.

10년 전에 국회의원선거를 앞두고 책을 집필한 적이 있었지만, 선거 일정에 쫓기다가 결국 발간하지 못했다. 그때 고민했던 내용들, 그리고 그동안 책을 읽다 떠오른 생각들을 블로그에 남겨두고, 메모해둔 조각들을 오랫동안 간직해왔다. 정치인은 자신의 삶의 여정과 철학을 국민 앞에 투명하게 드러낼 의무가 있다고 믿는다. 그래서 이 책은 나에게 홍보가 아닌 책무의 일환이었다.

사실 내가 가장 쓰고 싶었던 책은 '세계의 도시, 대한민국의 도시' 같은 것이었다. 도시공학을 전공한 사람으로서 당연한 바람이었다. 그러나 그런 전문서적은 주민들과의 호흡이 어렵고, 각 분야에 걸친 나의 철학을 충분히 녹여내기 힘들다. 그렇다고 태어났을 때부터 살아온 이야기를 풀어내는 전형적인 자서전은, 나이도 이르고 많이 부족한 사람이라는 생각에 마음이 내키지 않았다. 업적을 나열하고 현장 사진을 빼곡히 넣는 자료집 같은 책은 더더욱 쓰고 싶지 않았다. 그런 책은 읽히기보다 사진만 들여다보다가 덮이기 마련이다.

고민 끝에, 내가 좋아하는 마라톤에 삶의 철학을 녹이고, 양천구를 직접 뛰며 내가 추구하는 도시정책과 비전을 하나의 흐름으로 엮기로 했다. 자랑보다 중요한 건, 각 정책이 만들어지게 된 배경과 그 정책이 추구하는 목적을 설명하는 것이다. 정책은 늘 바뀌고 사라지고 다시 생겨나지만, 그 밑바탕에는 늘 '철학'이 흐른다. 책임자의 철학을 알면 그 다음 나올 정책의 방향도 예측할 수 있다. 그래서 나열하기보다는 절제하고, 꼭 필요한 이야기에 집중하려 했다. 독자들이 바쁜 시간을 쪼개어 이 책을 읽어준다는 점을 잊지 않으려 애썼다. 그러나 단체장으로서 하나라도 빠뜨리면 아쉬운 마음이 생겨 결국 다시 집어넣게 된다.

나는 '진심'이라는 말을 참 좋아한다. 세상이 각박해도, 언젠가는 진실은 드러나고 진심은 통한다는 믿음을 놓지 않고 살아가는, 어쩌면 조금은 어리숙한 사람이다. 이 책을 통해 나의 진심이 조금이라도 전해진다면 그것만으로도 충분하다.

진심은 상대가 느껴야만 비로소 의미가 있다. 내 마음이 아무리 진실

해도, 상대가 느끼지 못하면 그것은 허공에 흩어지는 메아리일 뿐이다.

요즘 나는 '목표'보다 '목적'을 중심에 놓고 살아가려 한다. 목표는 결과만을 향해 달리게 하지만, 목적은 과정을 품는다. 그래서 목표는 모두가 다다를 수 없지만, 목적은 누구나 이룰 수 있다. 마라톤을 통해 배운 것도 그것이다. 풀코스를 완주하는 건 목표지만, 달리기를 통해 얻는 정신적·신체적 건강은 삶의 목적이 된다. 풀코스 시간기록이나 완주 횟수에 연연하지 않고, 건강하고 행복한 달리기에 만족할 수 있는 이유다.

구청장으로서 달려온 지난 3년, 나는 무엇을 목적 삼아 이 길을 달려왔는지, 앞으로는 무엇을 향해 달려갈 것인지, 이 책을 쓰며 다시 되새기게 되었다. 목표만 바라보며 앞만 보고 달리기보다, 길가에 피어난 작은 꽃들과 소중한 사람들이 건네는 응원, 함께 뛰는 이들의 숨결을 놓치지 않으려 한다.

지극히 작은 이에게 더 다가서고, 지극히 작은 일에 더 성실하려 한다.

진심을 다한 발걸음은 언젠가 마음에 닿으리라 믿는다. 그리고 그 믿음을 품고, 나는 오늘도 또 달리기를 준비한다.

도시를 달린다 도시가 말한다

발행일 2025년 9월 8일
지은이 이기재
펴낸곳 아임스토리(주)
펴낸이 남정인
편집 조충영
출판등록 2021년 4월 13일 제2021-000113호
주소 서울특별시 성동구 광나루로 286 아인빌딩 9층
전화 02-516-3373
팩스 0504-037-3378
전자우편 im_book@naver.com
홈페이지 www.im-story.com
블로그 blog.naver.com/im_book

ISBN 979-11-981599-6-0